Growth Process of
Public Nursery Teachers in
Community of Practice

現代社会における
保育者の自己形成と
実践コミュニティ

香曽我部 琢 Taku Kosokabe

ナカニシヤ出版

　第1章では，現代社会において保育者が置かれた社会的な状況の急激な変化について，少子化に焦点を当てて，保育所に求められる社会的な役割の変化，とくに小規模な地方自治体の公立保育所・幼稚園とそこで働く保育者が置かれてきた状況を明らかにした。そして，現代社会における保育者の成長を捉える視点として「自己形成」のプロセスを明らかにすることの重要性を示した。第2章では，保育者の職業的なアイデンティティ（保育者アイデンティティ）に着目し，その形成プロセスについて明らかにした。そして，多様な環境を持つ幼稚園・保育所間を定期的に異動することで，自らの保育者アイデンティティ形成の契機にしてきたことを明らかにし，異動サイクルを繰り返す中で多様な他者とのかかわりによって自らの実践コミュニティを変容させていることを示した。第3章では，保育者の転機の経験に着目し，自らの実践への省察をもとに新たな理想とする保育実践を構想し，実践コミュニティにおいて保育実践についての時間的展望を共有することによって，実現してきた一連の経験を転機として意味づけていることを明らかにした。第4章では，一人の保育者の成長プロセスに焦点をあて，採用されてから退職に至るまでの経験を複線径路・等至性モデルとしてまとめた。そして，社会的な状況の変化に応じて生起する多様な問題を乗り越える際に，自らが所属する実践コミュニティを更新したり，活性化させたり，体制を強化したりすることで乗り越えてきたことを示した。第5章では，実際に保育者自らが成長していく際に，どのような立場の他者とどのようなかかわりをしてきたのか，その実相を明らかにした。そして，保育者が他者とのかかわりを意味づけしていることを明らかにした。そして，第6章では，2から5章までの知見を，TEAアプローチの発生の三層モデルを用いてまとめ，保育者の自己形成における実践コミュニティの役割について総合的に検討を行った。また，巻末には補章として，保育所や幼稚園において良好な実践コミュニティを形成し，保育の質を高めるための技法として，複線径路・等至性モデルを用いた保育カンファレンスの実際とその研究成果を示した。

　本著を日々の保育実践の中で生きる保育者と保育に携わる多くの方々にお読みいただき，ご意見やご批判をいただくことで，さらに保育者の専門性や熟達化に関する議論を深めることができることを期待している。

　本著のもととなった博士論文の作成にあたっては，当時指導教官であった高

まえがき

　少子化，高齢化，情報化が急激に進む現代社会において，それらの社会問題が人々の発達に与える影響は大きい。とくに，それらの社会現象や問題が単一の問題を引き起こすのではなく，都市と地方，世代，性別などさまざまな立場に生きる人々に対して，異なる問題を同時に引き起こす点にある。例えば，子育て支援が保育実践において大きなウェイトを占めるようになって久しいが，人口の多い都市部と少ない地方では，同じ子育てをする母親や子どもが遭遇する問題には差異があり，支援内容もそれに応じて異なる。

　急激に，多様に，個別化する社会問題に対して，保育者は常に自らの専門性を更新し，そこに生じるさまざまな状況に適応することが求められている。保育指針でも，保育者が自ら研鑽し，時代に適した能力を自ら身につけられるように，研修体制を整備する必要性を示した。園長，理事長などの施設長に対しても，自らのリーダーシップの育成を示すとともに，職員の研修の体系化，計画的な実施を求めている。しかしながら，現代社会の急激な変化の中で，保育者個人や園の一つひとつが，独自にすべての変化に適応することは難しい。ともに，保育実践に携わる同僚やそこにかかわる地域の方，保護者など多様な他者の協力を得ることが重要となり，保育者が多様な他者と積極的にかかわり，その相互作用の中で自己を変容させていく力が必然的に求められるのである。

　本著では，1970年代の第2次ベビーブーム期に保育者として生きる道を選択し，それから高度経済成長，バブル，そしてその崩壊，経済の低迷と，社会が急激に変動してきた小規模の地方自治体において，保育者として生き抜いてきた方々の成長のプロセスを研究の対象とした。保育者達が激動の現代において，どのような専門性を，どのようにして身につけ，それをどのように用いてきたのか。その成長プロセスを保育者の「自己形成」と，保育者と他者とのかかわりを「実践コミュニティ」の視点で読み解くことを本著では目指す。

橋満先生（東北大学大学院教育学研究科），明星大学大学院の博士前期課程で
ご指導していただいた中坪史典先生（広島大学大学院教育学研究科），TEA ア
プローチ研究会でご指導いただいたサトウタツヤ先生（立命館大学研究部長）
に多大なるご示唆をいただきました。また，ご自身の30年以上の経験を語って
くださった保育者の方々，そして研究・執筆に向かえるように私の生活を支え
てくれた妻の正美，藍，蒼磨，翠，3人の子ども達に大きな力をいただきまし
た。ここに改めて感謝申し上げます。

　この著書は，日本学術振興会科学研究費助成事業・研究成果公開促進費【学
術図書】による助成を受けている。また，この著書に示した研究の一部は，平
成23年度—25年度日本学術振興会科学研究費補助金（基盤C：課題番号
25381073，代表者　香曽我部琢）と，平成21年度—平成23年度日本学術振興会
科学研究費補助金（基盤B：課題番号23330228，代表者　槇石多希子）による
研究成果である。

目　　次

第1章　研究の問題背景と目的

第1節　保育者を取り巻く状況の変化と地域間の差異

第1項　現代における保育者を取り巻く社会的な状況の変化

(1) 少子化の進む現状

　2012年9月に厚生労働省から発表された人口動態統計では，2011年度は合計特殊出生率1.39で前年と同じで，過去最低であった2005年の1.26からやや上がったものの，ここ近年は低いままで横ばいの状況にある。しかし，実際の出生数については，2011年度は前年比20,498人減の1,050,806人となり，過去最低であった2005年の1,062,530人よりも低く，過去最低の出生数となった。

　少子化が進む現状を受けて，内閣府（2011）は少子化が単純な人口の縮小だけではなく，高齢者の比率の増加，労働人口の減少，消費の減退，デフレスパイラルなどを生み出し，「人口構造の変化」によって日本の経済社会が大きく減退する可能性を示唆した。さらに，金子（2011）は，少子化による社会への影響について，先に述べたような経済面だけでなく，政治面，社会統合面，文化面の4つに分類し，少子化が生み出す問題が多様な領域に広がることを示した。

(2) 保育領域における少子化対策

　保育領域への影響に関しては，郭（2011）は少子化がもたらす多様な問題を解決するために，少子化の原因として未婚率の上昇と既婚者の出生率の低下を示し，それらを改善する支援策の必要性を示唆し，その支援策として託児方法の多様化，経済支援などの育児社会環境の整備の重要性を強調した。内閣府（2011）においても，少子化を解消するための子ども・子育て支援策として，

「第2章 妊娠，出産，子育ての希望が実現できる社会へ」を示した。その中で「第2節 誰もが希望する幼児教育と保育サービスを受けられるように」を実現するために，1）保育所待機児童の解消，2）多様な保育サービスの提供，3）家庭的保育（保育ママ）の普及促進，4）幼児教育と保育の質の向上，5）幼保一体化を含む新たな次世代育成支援のための包括的・一元的な制度の構築，が示された。

(3) 存在の在り方が問われる保育所

　厚生労働省（2008）は，平成20年4月に示された保育所保育指針解説書の「序章1．改訂の経緯 （2）改訂の背景」において，「⑤仕事と生活の調和（ワーク・ライフ・バランス）の実現が求められる中で，働きながら子育てをしている家庭を支える地域の担い手として保育所に対する期待が高まっている」と述べ，単純に子どもを預かって育てるという子どもへの支援だけでなく，子どもを生み育てやすい社会を実現するために，保護者に対する支援，地域の子育て家庭に対する支援を行うことを明記した。八代（2006）らが，保育所を「福祉」ではなく，働く女性一般を対象とした「仕事と育児との両立を支援する『保育サービス』」として捉える必要を示したように，保育所の在り方自体が問われ始めた。

(4) 待機児童解消と保育所の変化

　待機児童問題の解消に向けた規制緩和や新たな取り組みは，東京都では2010年5月に「東京都保育計画（平成22〜26年度）」が発表されるなど，各自治体で数多く実施され始めている。すでに2000年の規制緩和によって，これまで市町村と社会福祉法人のみに限られていた保育所運営が，株式会社やNPOも可能となり，東京都や横浜市，広島市，神戸市などで設置された。また，その後も年度途中の定員枠組みや短時間勤務のパート保育士の制限枠などの撤廃が行われ，待機児童の解消を目指して，一時保育や休日保育，病児保育などの多様な保育サービスの提供が推進された。

　さらに，利用者の減少した既存の私立幼稚園の「預かり保育」を拡張したり，保育所の機能を持たせて認定こども園へと幼保一体化を行ったりと，待機児童解消のために幼稚園の保育所化，幼保一体化が進められた。とくに，近年では，東京都や大阪のような都市部は，それぞれの実情に準じた独自の設置基準によ

る「認証保育所」制度や，横浜市の「NPO 法人等を活用した『横浜市家庭的保育事業』」などの施策が進められ，民間会社が参入して多くの保育所が設立されている。

第 2 項　都市部と地方の保育を取り巻く社会的な状況の差異

(1) 小規模地方自治体の保育所を取り巻く動向

　第 1 項では，少子化とその対策としての保育所の動向について，主に東京都や横浜市など，都市部の保育所の動向について焦点を当ててきた。しかし，少子化対策に向けたさまざまな保育サービスの提供や幼保一体化の動きは，都市部だけでなく，小規模地方自治体[1]でも行われてきた。ただし，少子化ながらも多くの待機児童が存在する都市部の地方自治体と，少子化だけでなく，過疎化と高齢化が同時に，かつ急激に進む小規模地方自治体では抱える問題に大きな差異が存在する。

　少子化，高齢化，過疎化が同時に進行している小規模地方自治体においても，保護者の就労形態の多様化や就労条件の悪化，核家族化が進み，低年齢児保育や延長保育，休日保育などの多様な保育サービスが求められている。しかし，一方で，過疎化が進んだために，自治体の財政状態は悪化し，保育施設の管理維持費や人件費などが重荷になっていった。そのため，昭和40年代後半から50年代の第 2 次ベビーブームに立てられた保育施設は新たな設備投資を受けることなく老朽化が進み，近年改築の時期がきて，複数の保育所，幼稚園を統廃合する形で，大型の保育施設を設置するようになった経緯が多く見られる。安藤（2003b）が「保育施設の定員割れの問題と，地方財政の経費の負担軽減の対策として保育施設の統廃合が進んでいる」と指摘するように，財政負担の軽減を目的とした保育所や幼稚園の統廃合による幼保一体化が行われてきた。つまり，都市部では，待機児童の解消の手段として，幼保一体化が図られてきたのに対して，過疎化の進む地方では財政負担の軽減の手段として幼保一体化が進められてきたのである。

　また，小規模地方自治体では統廃合に伴う保育所やこども園への幼保一体化と同時に，財政上の理由と特別保育事業の事業内容の充実を理由とし，人件費が高い公立保育所の民営化が行われている。この動向に対しては，保育所を利

用する保護者から，民営化によって公立保育所が地域の保育水準を保証するインセンティブになっていることが示され，保育の質の低下や，子どもへの影響，行政側が示した財政効果への疑問，保護者や保育者を排除した非民主的な民営化プロセスに対して保護者だけでなく市民からも不満が生じた。民営化への反対運動が裁判に発展した地方自治体も多く，保育園民営化問題を取り扱った市民のネットワークも形成されている。しかし，ほとんどの地方自治体では，保育所を民営することに反対する状況などはあるものの，最終的には政的な理由から民営化が実施されているのが現状である。

(2) 小規模地方自治体における問題

　小規模地方自治体の保育所の問題点について，安藤（2004）は，少子化の著しい人口過疎地域における保育施設の統廃合や民営化の特徴として，保育施設の大規模化を挙げている。そして，大規模化の影響について，①保育内容における地域性の喪失，②家庭との連携の希薄化，③保育者の関係性の希薄化，煩雑化，④保育時間の長時間化を示し，保育の質に関する議論もなく，保育施設の大規模化が進むことへの危惧を示した。

　小規模地方自治体は，財政への負担軽減を目指し，統廃合や幼保一体化によって保育施設の大規模化を行っている。また，保育者数を最低基準にし，民間と比べコストの高い正規雇用者の採用を見送った。さらに，早朝保育や一時預かりなどに対応するために，非正規雇用者（パートや臨時）を多く採用し，人件費の削減を目指してきた。そのために，小規模地方自治体の保育者は高齢化や，労働条件の悪化などの問題に加え，職員数の増大によるストレスを抱えるようになった。例えば，バス当番，早朝・延長保育などによるシフトの複雑化，職員間の意思疎通の困難さなど，多くの問題に直面することとなった。実際に，手塚（2010）が示した和歌山県白浜町の幼保一体化施設の財政分析においても，東京都杉並区の子ども1人当たりのコストは白浜町の1.8倍〜3.2倍となっている事実が示され，過疎化の進む白浜町のコストが低く抑えられていることが理解できる。そのコスト抑制の理由として，保育士の非常勤の割合の高さが指摘されている。そして，財政力が低い小規模地方自治体ほど，保育事業に関するコスト削減が保育士の雇用形態に直接的な影響を与えることを示しており，実際にそのような人事管理が財政力の弱い小規模地方自治体で行われて

いる現状を明らかにした。

第2節　現代の社会的な状況の変化における保育者の専門性

第1項　現代社会において保育者に求められる専門性

(1) 専門性の育成と養成課程の改正

　少子化，過疎化などの現代の子どもを取り巻く社会的な状況，環境の急激な変化を受けて，平成21年から始まった保育士養成課程等検討会[2]ではこの社会の変化に対応できる保育士を養成するために，現行の養成課程の見直しを行った。この検討会では養成課程を見直すに当たって，保育士に対する質問紙調査やインタビュー調査を行い（大嶋，2009），現行の科目で今後さらに充実が必要になる科目や新たに求められる科目に関する調査を行った。その調査の結果を受けて，検討会では，平成22年3月24日に「保育士養成課程等の改正について（中間まとめ）」を示した。そこでは，「改正に当たっての基本的考え方」として，①保育現場の実践や保育士の専門性を十分に踏まえた保育士養成課程の見直し，②保育実習と実習指導の充実，実習受け入れ施設の範囲や要件の見直し，③必須教科目の精選と現行の総単位数の維持，④教科目における5項目前後の目標と3〜5項目程度の小項目の内容を明示すること，などを示した。さらに，それらを踏まえて「改正の内容」として，①教科目の配列，②教科目の新設，③教科目の名称の変更等，④教科目の移行，⑤単位数の変更，⑥実習受け入れ施設の範囲や要件の見直しなどが実施された。とくに，現代的な社会問題に対応できる保育士の養成を目指し，「保育相談支援」「保育の心理学」「保育課程論」などの科目を新設した。「保育者論」も新設科目の一つで，大嶋（2009）らの質問紙調査では8割以上の保育士がその必要性を示し，平成23年度の保育士養成課程改正の要点となった。

(2) 「保育者論」の動向と保育者の専門性の構築

　現行の養成課程では，「保育者論」は，「保育原理」に含まれていた。しかし，検討会の調査において示された保育者の要望が取り入れられ，保育者の責務や専門性にかかわる領域を「保育原理」から分離することが提案された。そして，他の保育者との協働や今日的課題を踏まえた保育士の専門性を加えて，保育士

の（1）役割と倫理，（2）制度的な位置付け，（3）専門性への考察，（4）協働，（5）専門職的成長，以上5項目の目標が示され，新科目「保育者論」が新設された[3]。

　保育者の質問紙調査の結果や科目が新設されたことから理解できるように，保育者とはどのような仕事で，そこで求められる資質や専門性はいかなるものなのか，保育にかかわる者は強い関心を寄せてきた。これは「保育者論」に関する著書が検討会の設立以前から発刊されていた[4]ことや，「保育者論」という言葉が1980年代から遡及していたことからも理解できる。

　また，近年では，「保育者論」の著作が多くの出版社から発刊されており，養成機関においてその授業が始まった。それを受けて，青山（2011）は，大学や短大，専門学校などの養成機関における新科目「保育者論」のシラバスの分析を行い，その内容では保育者の制度的位置付けや専門性が論じられており，保育者養成の歴史に関する授業内容が展開されていることを示した。さらに，佐藤（2012）は，自らが担当する新科目「保育者論」を他科目と比較して，「さまざまな角度から専門職としての能力を身につけさせるための方策」とし，実習指導とは対照的で，保育者が実践する内容の理論的な裏付けをするものとして位置付けている。以上のように，実際の科目「保育者論」の在り方についても研究され始めている。

　これまで厚生労働省における保育士養成課程に関する議論を概観してきたが，幼稚園教諭の養成課程においても，「教職論」「教師論」といった教職に関する科目において，幼稚園教諭の専門性に関する議論が文部科学省の教員養成部会などにおいて積み重ねられてきた。田代（2012）らは，教職科目「教職論」のカリキュラム開発の研究において，これまで刊行された教職論，教師論に関する著作の内容を分析している。そこでは，教育学一般，教職の意義，教師像，教師の資質など15項目に分類し，教職の専門性についてほとんどの著作で取り上げられてきたことを示した。

　以上のように，保育士においては，今回の養成課程科目の改正で，今後の検討課題として，保育士の専門性の構築やその検証についても取り組んでいくことが示された。さらに，幼稚園教諭においても，その専門性の養成が行われていることから，保育者の専門性そのものに対する議論が保育者論，教職論，教

師論の中核となり，その必要性が多くの研究者によって示唆されてきたのである。

第 2 項　保育者の専門性を捉えるパラダイムの変化

(1) 保育者の専門性を捉える 2 つのモデル

　中坪（2011）は，保育者の専門性についての研究動向について，これまで「技術的実践としての保育者の専門性」と「反省的実践としての保育者の専門性」の 2 つのモデルについて議論されてきたことを示している。

　増田（1995）らによる1995年当時の日本保育学会の自主シンポジウムの資料を見ると，まだ当時では保育者の専門性の必要性を，保育を行う者として，社会のニーズに応えることができる豊かな知識や高い技術に関連付けており，子どもへの愛情などの人間的な資質を基盤にそれらを身につけていることが，保育者の専門性であると示している。

　ところが，佐藤（1991，1997）によってショーン（Schön，1983）が示した「反省的実践家」が新たな専門家像として日本に紹介されてからは，これまで保育者の専門性が，知識の豊かさや技能の高さが一つの指標として捉えられてきた[5]のに対して，行為の中に表れる自らの実践を省察する行為自体が専門性の指標となることが示された。これは保育学の領域だけでなく，多くの領域に影響を与え，とくに教師や看護師，社会福祉士など複雑性，不確定性の高い現代社会の諸問題に直面するマイナーな対人援助職の職業の分野において，その職業の専門性を捉えるパラダイムシフトが図られた。この専門性についてのパラダイムシフトは，保育学の領域にも影響を与え，1990年代以降，保育学研究においても特集が組まれ，保育者の専門性についての議論が高まっていった[6]。

(2) 複雑に絡み合う 2 つのモデル

　現代においても，このパラダイムシフトは幼稚園教育実習における実践力の強化や保育実践の計画，実践，記録に関する新たな取り組みなどさまざまな保育実践や研究が進められ，その成果が示されてきた。しかし，一方で，子どもを取り巻く問題はより複雑化，多様化しており，それらに対応するための豊かな知識や高い技能が保育者に求められている現状も多くの保育実践や研究で示されてきた。

　とくに，平成20年に改訂された幼稚園教育要領の改善の基本方針や，保育所保育指針の改定の要点に示された「子育て支援」「保護者に対する支援」に関する保育実践や研究については，保育の領域だけでなく，社会教育や生涯学習などの領域においても多くの実践や研究が行われている。そのため，養成課程の改訂においても，「保育相談援助」「保育の心理学Ⅱ」が新設され，カウンセリングなどの具体的な実践的な知識と技能の修得が目標として示されている。

　また，これまで養成段階における保育者の専門性の2つのモデルについて論じてきたが，柴崎（2009）が生涯発達の視点で保育者の成長を捉え直す必要性を示しているように，保育者の専門性は養成段階だけで身につけることは不可能で，現職も含めた長期的な視点でその専門性を捉える必要を示した。そのため，保育者の領域においても，この「子育て支援」「保護者支援」への社会ニーズを受けて，現職の保育者に向けた研修制度や体系的な研修内容が次第に整備されつつある。

　川池（2011）は，保育者の子育て支援に関する専門性の研究において，現職保育者へのリカレント教育の重要性を示し，現職保育者に対して子育て支援についての研修内容に対するアンケートを行った。その結果，保育者が「保護者との関わり方・子育て支援」，「保育技術・実践にすぐに役立つもの」など，豊かな知識や高い技術について強く要望していることが示され，さらに経験年数によって要望する知識や技能に違いがあることを明らかとなった。

　この結果から，保育者という職業領域においては，「反省的実践家」モデルだけで現代社会において現れるさまざまな問題が解決されるのではなく，「技術的熟達者」モデルも現職の保育者に必要とされていることが示された。つまり，「反省的実践家」モデルが「技術的熟達者」モデルにとって代わったり，互いが対立したりする関係にあるのではなく，この2つのモデルが複雑に絡み合うような形で保育者の専門性を形成していると考えられるのである。

第3項　保育者の自己形成と専門性

(1) 保育者の専門性を捉える新たな視点

　保育者の職業領域においては2つの専門家モデルが複雑に絡み合って，現代において保育者に求められる専門性を形成している現状について示唆した。し

かし，これまでの保育者の専門性に関する研究を概観すると，いずれのモデルに依拠しながら，他方のモデルを否定的（二項対立）に扱うか，他方のモデルを無視して依拠したモデルのみを用いてその専門性について価値づけを行ってきた研究がほとんどである。

　しかし，本研究では，急激で多様に変化する現代社会における保育者の専門性を 2 つの専門家モデルで二分化して捉えるのではなく，絡み合う 2 つの専門家モデルを捉えるために，2 つのパラダイムを包括させた新たな視点で保育者の専門性を捉えようと考えた。そこで，本研究では，保育者に求められる専門性について保育者のアイデンティティや自己効力感などの自己概念の重要性を示唆する研究者（秋田，2001；諏訪，2001；三宅，2005）がいることに着目し，保育者の自己概念の発達から保育者の専門性を捉えようと考えた。

　保育者の自己概念については，足立ら（2009）が現代の急激な社会状況の変化によって，子どもを保育する保育者という伝統的な役割とは違い，子育て支援という新たな役割が生じ，「保育者に意識の変容を求めることになる」と述べ，「保育者としてのアイデンティティ」の再構築が求められることを示した。そして，足立ら（2010）は保育者が日常の保育実践の中で，心を落ち込ませたり，心を揺れ動かしたりする様相を，「揺らぎ」と定義して，保育実践の中でさまざまな「揺らぎ」の体験や危機体験を得ることによって保育者が自らの職業的アイデンティティを再構築していくことを明らかにした。さらに，柴崎ら（2009）は「どのような関係性の中からアイデンティティを構築していくのかを検討することは保育者の現状を捉え，保育者が何を求めているかを知る指針となり，ひいては『保育者の専門性』にも繋がる」と述べている。

　さらに，西山（2008）は「保育実践の向上のために『人間関係』保育者効力感に働きかけることの有効性」を明らかにし，「長期的には保育者効力感を高め，制御する力を保育者自身が持つことで，自我同一性によい変化をもたらす可能性も示唆された」と述べている。つまり，保育者の職業的アイデンティティや保育者効力感などの自己概念を保育者が形成していく過程について明らかにすることで，現代社会における保育者の専門性を新たな視点から捉えることが可能であると考えた。

第3節　保育者の自己形成に関する研究の現状と課題

　前節では，子どもを取り巻く社会的な環境が急激に，多様に変化する現代社会において，保育者がさまざまな危機体験や「揺らぎ」の経験を得て，それを乗り越えて熟達化していく姿を示した。そして，それを乗り越える過程で自らの職業的アイデンティティを再構築したり，保育者効力感を高めたりと自己概念をつくり上げていくことを示し，そのプロセスを明らかにすることで保育者の専門性を新たな視点で捉える可能性を示唆した。

第1項　保育者の職業的アイデンティティ
(1) 理想とする保育者像の構想と一致

　保育者の自己概念については，これまで保育者の職業的アイデンティティや保育者効力感に関する研究が中心であった。保育者の職業的アイデンティティについて，足立（2008）は，危機や「揺らぎ」などを含むさまざまな経験の中で，保育者が「保育者はこうあるべき」という自己概念を形成し，それと社会的な考えを一致させていくときに得られる「私は保育者である」という保育者の職業的アイデンティティを「保育者アイデンティティ」であると定義した。

　この保育者アイデンティティについては，大條（2007）も，実際に働いている保育者を見て，自分の中に自らが理想とする保育者像を形成していくことを保育者アイデンティティの形成と定義している。また，西坂ら（2009）も保育者アイデンティティが「保育者としての自己の確立であり，理想やモデルとなる保育者像と自分自身に対する理解を深め一致させていくこと」で形成されると述べている。また，保育者アイデンティティを形成するためには，保育実践を行う過程で何がよい保育なのか，保育について保育者同士で話し合い，保育者が一致点を見出すことの重要性や（諏訪，2001），新たな人間関係の中で他の保育者とかかわることによって獲得されることが示されている（西山，2008）。

　つまり，保育者アイデンティティは保育者個人の中で，危機的な状況などの特定な状況下のみで形成されるものではなく，保育者として日々の保育を営む

中で，同僚などの重要な他者とのかかわることにより，社会的，文化的な背景や文脈の影響を受けて，相互作用の中で形成されていくものと想定できるのである。

(2) 他者や社会，文化に影響を受ける保育者アイデンティティ

　保育者が日常の保育実践の中で得るさまざまな体験の中で，重要な他者や社会的，文化的な背景や文脈の影響を受け，自らの内にある理想とする保育者像と実際の自分とを一致させていく過程において，保育者アイデンティティを形成していくことを示した。しかし，保育者アイデンティティに関するこれまでの研究を概観すると，その数自体が少なく（柴崎，2009），養成期の学生に心理尺度を用いた実証的な研究がほとんどで，現職保育者を対象とした先行研究は数えるほどしかない[7]。また，その少ない現職保育者に対する先行研究のうち，西山（2006，2008），足立（2009）の研究では自我同一性に関する心理尺度と他の心理尺度との相関について，学生と保育者や経験年数による比較を行ってその差異を統計的な手法で明らかにすることを目的としている。そのため，あくまでも保育者アイデンティティの再構築は，保育者個人の内的な過程として捉えられてきた。そのため，個人内の定量的で測定可能な自己概念として研究対象とされ，構築過程における他者の存在や社会的，文化的な文脈との相互作用については捨象されて研究が進められてきたのである。

　それに対して，保育者アイデンティティが他者や社会，文化との相互作用の中で変容していく自己概念として捉え，その形成過程を明らかにしようとした研究は西坂（2009）と足立ら（2010）の研究のみになる。しかし，西坂ら（2009）は対象者が経験年数 5 年から10年の保育者のみで，新任期に危機や困難な状況におかれ辞職を思ったが転機によって乗り越えた場合や，足立ら（2010）は，心が落ち込み，「揺らぎ」を体験し乗り越えた場合など，危機や「揺らぎ」など特定の状況において形成された保育者アイデンティティのみを研究を対象としている。

第 2 項　自己概念，自己形成に関する研究動向

(1) 自己概念研究における 3 つの潮流

　本研究では，保育者アイデンティティや保育者効力感などの保育者の自己概

念が，重要な他者とのかかわりや，社会的，文化的な背景や文脈の影響などとの相互作用の中でつくり上げられることを示してきた。それでは，アイデンティティや効力感，自尊感情などに代表されるような自己概念[8]とは，先行研究においてどのように扱われてきたのだろうか。梶田（1994）は，自己概念の研究には（1）フロイトの自我やアドラーの劣等感，エリクソンらによるアイデンティティ理論などによる精神分析学を背景とした研究，（2）コームズらによる現象学的心理学，ロジャーズ一派の心理療法を基盤としたパーソナリティ理論などによる現象学を背景とした研究，（3）ジェームズの客我論やミードの社会的文脈におけるパーソナリティ形成論など自己概念が社会的性格を持つと捉えた社会学，社会心理学を背景とした研究，以上3つの潮流が存在することを示した。

　これまで保育学の領域では保育者の自己概念を捉える新たな視点として保育者アイデンティティに焦点が当てられ，その必要性が論じてきた。先行研究で焦点が当てられてきたアイデンティティとは，エリクソン（Erikson, 1959）が自らの発達理論において新たに示した自己概念の一つであり，人生をいくつかの段階に区分して，その段階における危機（crisis）を乗り越えることで得られる一貫性のある自己に対する感覚，「個人の同一性の意識的感覚」のことである。そのため，足立ら（2009, 2010）や西坂ら（2009）の保育者アイデンティティの先行研究においても，アイデンティティの形成が保育者の危機体験と結びつけられて語られているのは，これが背景となっている。

　しかしながら，近年の自己概念に関する研究の成果では，保育者アイデンティティが危機的な出来事を通して個人内だけで形成されるものではなく，個人が他者や社会，文化と相互作用の中で変容していくことが先行研究で明らかにされてきた。つまり，保育者の自己概念を捉える際には，先に示した3つの自己概念研究のうち（3）社会学，社会心理学，とくに社会的相互作用論や社会的役割論を背景とした自己概念研究の文脈で捉える必要があると考えられるのである。

(2) 社会学，社会心理学における自己概念研究の動向

　社会学，社会心理学における自己概念の研究の動向について，ハーター（Harter, 1996/2009）は，現代における自己概念に関する研究において，

ジェームズ（James, W.）をその先駆者として取り上げ，さらに，象徴的相互作用論者であるクーリー（Cooley, C. H.）とミード（Mead, G. H.）の歴史的な功績の重要性を示した。

ハーターによると，ジェームズ（1890/1934）は，自己の二重性を客我〈me〉と主我〈I〉として示すことで，人が純粋な自己である主我〈I〉の側面と，その主我〈I〉によって知られる自己の側面としての客我〈me〉を示した。そして，ジェームズはさらに客我〈me〉の概念を物質的自己，社会的自己，精神的自己の 3 つの構成要素に分けて定義した。それは，身体的な自己だけでなく，自分と呼ぶことができる物質，他者から認識された社会的な自己，気質や道徳的な判断を含む精神的な自己，人が自分のものと呼びうる全てを客我〈me〉として示し，自己が多次元で，階層的であることを示唆した。

クーリーは，人が他者を通じて自分の認識が可能となることを示し，自己に対する他者の評価を推察することで生じる自己感情によって自己が成り立つという「鏡映自己」の概念を提示し，他者の存在の重要性を示した。さらに，ミードは，物や他者との相互作用の過程で，物の意味やシンボルを獲得し，社会において重要な他者とその意味やシンボルを共有化することによって，自己概念をつくり上げていくことを示し，自己概念が「他者との言語的やりとり（象徴的相互作用）を通して作られた社会的構造である」ことを明らかにした。

サトウ（2011）は，21 世紀になって注目されている自己理論として，唯一固定化された自己ではなく，人の自己を「〇〇としての自己」が複数集まった集合体として捉えたハーマンスとケンペン（Hermans & Kempen, 1993/2006）が提唱した「対話的自己」の概念を取り上げた。対話的自己について，溝上（2001）はこの自己理論がジェームスの自己理論とバフチン（Bakhtin, 1929/1973）の「多声性（multivoicedness）」の概念を統合させてできた発展理論であると述べ，自己の世界が，社会の中で他者とかかわる際に自分が果たすさまざまな役割における私（ポジション position）が多数存在し，それぞれの私（position）同士が互いに重要性に応じて有機的に関連し合い（対話的関係）ながら体制化していることを示した。

また，レイヴとウェンガー（Lave & Wenger, 1993）は，自らが提唱した状況的学習論の立場から，自己概念について，「私たちはアイデンティティと

いうものを，人間と，実践共同体における場所およびそれへの参加との，長期にわたる生きた関係であると考える」と述べ，アイデンティティを構築する過程が他者や組織，社会や文化との相互作用のプロセスの一側面であることを示した。さらに，亀井（2012）が「アイデンティティとは，すでに存在する人格の核でも，人生のどこかの時点で獲得されるようなものでもなく，一時的（temporary）で動的なものであり，人生を通じて常に再交渉され続けていくものである」と述べるように，自己概念が常に変容が促される動的な存在であることを示した。エリクソンが示した個人内にある首尾一貫して矛盾のないアイデンティティ像ではなく，近年，自己概念研究においてよく見られる流動化し，社会的な文脈に依存しているアイデンティティ像が増加していることが指摘されており，代表的なものとしてはガーゲン（Gergen, 1991）が示した「飽和した自己（the saturated self）」やリフトン（Lifton, 1967）の「プロテウス的自己」が挙げられる。

(3) 動的なプロセスとしての自己形成

　自己概念に関する研究動向を概観すると，自己概念がある特定の経験や出来事において個人の中に静的で，首尾一貫している自己を獲得していくような概念ではなく，個人が他者や社会と日常的に行う相互作用において，動的に，流動的に変容していく自己として捉えられてきたことが明らかである。そこで，本研究では，保育者のアイデンティティなどの自己概念の発達について，他者や社会，文化との相互作用の中でその変容や発達が日常的に促される外的で，動的なプロセスを捉えようと考えた。

　そのため，危機体験や「揺らぎ」などの特定の状況だけではなく，保育者として日々の保育実践を営む中で，同僚などの重要な他者とのかかわりも重要であると考えた。そこで，本研究では，保育者の自己に対する感覚や認識の発達について，危機体験など特定の状況に制限されがちなアイデンティティではなく，山田（2004）が，「日常場面における行為や経験といった（外的）環境との関わりをベースとして，その外的活動とそれに付随する内的活動（諸感覚と評価）との相互作用によってもたらされる自己の発達およびその過程」と定義した「自己形成」という概念を用いることとした。

　自己形成とアイデンティティの関係については，山田（2004）が「自己形成

とアイデンティティの因果性に関して，いずれかが先行要因として機能するというよりは，自己形成過程においてアイデンティティの感覚が培われ，そうしたアイデンティティの感覚によって自己形成の様相が規定される」と述べ，相互依存的因果関係として両者を位置づけている。さらに，溝上（2008）はアイデンティティと自己形成について，「両者は同義のものではない」と述べ，アイデンティティが「同一」という文脈に縛られること，課題達成的な文脈に縛られること，2つの理由を挙げて，自己形成はアイデンティティ形成を包含する大きな概念であると述べている。そこで，本研究では，溝上（2008）が示した自己形成の定義に基づき，保育者の自己形成プロセスを保育者アイデンティティが包含したものとして，現代社会において保育者に求められる専門性について新たな視点で捉え直そうと考えた。

第4節　保育者の自己形成を捉える理論的枠組みと3つの視点

第1項　本論の目的と理論的枠組み

　そこで，本項では，保育者の自己形成プロセスを明らかにする上で，以下の2つの理論的枠組みを用いる。

(1)「生涯発達」による自己形成の文脈主義的な理解

　第1点としては，保育者の自己形成プロセスを「生涯発達」による理論的枠組みによって保育者の専門性を捉える点にある。この「生涯発達」という概念は，1970年代以前から存在していたが，この概念が注目され始めたのは，バルテス（Baltes, P. B.）による生涯発達に関する研究とその成果として1970年から刊行された『生涯発達心理学』シリーズの存在が大きく，「生涯発達」の概念を唱導してきた（堀，2009；佐藤，2008）。

　それ以前の1960年代までは，人間の「発達」については乳幼児期から青年期までの限定された期間のみを対象とし，それ以降は「発達」という概念で人間の変化が捉えられてこなかった（岡本，1992）。とくに，アイデンティティなどの自己概念については青年期を対象とした研究がほとんどで，1980年代ころからしだいに生涯発達の視点で人の発達を捉えた研究が積み重ねられたことで，「発達」という概念が捉える時間軸が乳幼児期から青年期までであったのが，

成人，老人にまで拡張し，人間の一生を扱うようになり，「発達心理学」が「生涯発達心理学」へと変貌した（やまだ，2011）。

堀（2009）は，生涯発達研究の特徴の一つとして，バルテスら（1980）によって成人期以降の発達が生物的，生得的，年齢関連的なもの以外の世代的，歴史的要因による影響を強く受けることを明らかにした点を挙げた。さらに，やまだ（2011）は，バルテスの生涯発達論を特徴づける理論的観点の一つに「パラダイムとしての文脈主義」を示し，個々の発達が年齢に伴うもの，歴史に伴うもの，基準のないもの，以上3つの要因の相互作用の結果として理解できることを示した。そして，人間の発達を，年齢などの生物的な要因だけではなく，その人間が存在する社会，文化，歴史的な文脈について考慮し，それらの文脈との相互作用のプロセスを明らかにする必要性を示し，そのために「生涯発達」の理論的枠組みが有効であることを示唆した。

また，ヤマダとカトウ（Yamada & Kato, 2006）では，この文脈主義によって人間の生涯発達を捉えようとするならば，人間そのものだけではなく，人間を取り巻く社会，文化，歴史的な状況も含めた全体システムとして捉えるアプローチが必要であることを示した。そして，このアプローチによって発達が一方向的に進むという既存の発達観ではなく，人間の発達が多方向性，多次元性の発達観をもたらすことを示唆した。

そこで本研究では，「生涯発達」の概念で保育者の自己形成プロセスを捉えることで，経験年数の豊かな保育者が採用されてから，現在に至るまでに，保育者が置かれた社会，文化，歴史的な文脈や，それらの文脈との相互作用のプロセスを考慮して，その多様性，多次元性について明らかにすることで，保育者の専門性について考察しようと考えたのである。

(2)「開放システム」による自己形成の多様性の理解

次に，第2としては，保育者の自己形成プロセスを「開放システム」による理論的枠組みで捉える点にある。この「開放システム」という概念は，「閉鎖システム」に対する概念であり，ベルタランフィ（Bertalanffy, 1968/1973）の一般システム論に依拠した概念である。ベルタランフィは生物が成分の流入と流出，生成と分解の中で自己を維持している点を示し，多くの反応物質を閉鎖容器に入れたときの反応後の最終状態のような平衡状態ではなく，いわゆる

定常状態で存在している点を指摘し，「生きた生物体はどれも本質的に開放システムである」と述べている。さらに，サトウ（2009）は，伝統的な心理学が知能を外界から独立して人間の中にあると捉えてきたこと（閉鎖システム）を批判し，「開放システムは，システム内部のみで完結するのではなく，常に外界との交渉を行いながら自己システムを維持していくという特徴がある」と述べ，「人間も開放システムとして捉えられるべきであり，日常的には，外界と交渉しながらも定常状態が保たれていると考えるべきだろう」と示している。

　ベルタランフィはこの開放システムの特徴を2つ示している。1つ目は等至性（equifinality）である。この等至性は，ドイツの生物学者であり，生気論を提唱したドリーシュ（Driesch, H. A.）に由来し，最終状態が初期条件によって一義的に決定するのではなく，異なる初期条件や異なる方法からも同一の最終状態に達することを示す言葉である。2つ目はエントロピー増大を避けて高度の秩序とオーガニゼーションの状態（定常状態）に向かう点である。

　この開放システムが持つ等至性と定常状態に向かう特徴を，ヴァルシナー（Valsiner, 1999, 2001）は歴史的，社会的，文化的要因を重視した「生涯発達」に変貌した発達心理学や文化心理学に取り入れた。そして，人間が日常的に外界と記号を媒介した交渉によって定常状態を保つことで，類似した最終状態に至ることが人間の発達を特徴づけることを示した。

　サトウ（2009）は，この2つの特徴を持つ開放システムの概念を用いることで，人間の発達を外界と記号を媒介したコミュニケーションによって「異なる径路をたどりながら類似（similar）の結果にたどりつく」ものであると捉えることが可能となり，その経験や出来事に至るまでに複数の径路が存在し，「他の選択肢がある場合に，その選択を促進する力や妨害する力が何なのか」を明らかにできると示した。

　そこで，本研究では「開放システム」の理論的枠組みを用いることで，保育者の自己形成プロセスが等至性，定常状態に向かうという特徴を持つと捉え，保育者が外界とさまざまな記号を媒介としながら自己を維持しつつ，多様な径路を経て自己形成に至るプロセスを明らかにし，現代社会にいきる保育者の専門性について考察しようと考えた。

第 2 項   保育者の自己形成を捉える視点

　本研究では保育者の自己形成プロセスを「生涯発達」「開放システム」の 2 つの理論的枠組みで捉えることで，経験年数の豊かな保育者が採用されてから現在までに，どのような社会的，文化的，歴史的文脈に影響を受けて，どのような径路を経て自己形成を行ってきたのか，その多様なプロセスを明らかにすることを明示した。しかしながら，その研究の対象となる保育者の自己形成については，山田（2004）や溝上（2008）らの自己形成の定義を示したものの，自己概念のうち，どの概念を研究対象とするのかは示してこなかった。本項では，焦点を当てる自己概念を 3 つ示し，その焦点化の理由や背景も含めて説明しようと考えた

(1) 理想とする保育実践を実現する過程における自己形成

　少子化，過疎化が進む現代社会において子どもを取り巻く状況が急激に，多様に変化する中で，保育者にも新たな役割が求められていることを示した。それでは，社会から要請された新たな役割に適応するために，保育者は自らの保育者アイデンティティをどのように変容させてきたのだろうか。

　本研究では，保育者アイデンティティについて，大條（2007）や西坂（2009），足立（2008）らが示した定義をもとに，「今の自分の保育を，自らが理想とする保育へと一致させていく中で獲得していく自己概念」と定義し，保育者が理想の保育実践を構想していく過程や，その保育実践を実現させていく過程，その構想以前から実現の後に至るまでのプロセスを明らかにすることで，保育者アイデンティティの変容を捉えることができると考えた。そこで，本研究では，理想とする保育実践の構想から実現までの保育者の経験や出来事に焦点を当て，保育者の自己形成について考察を行うこととした。

(2) 保育者の転機における自己形成

　現代社会において求められる保育者の専門性について，これまでの「技術的熟達者」モデルに対して，1990 年代以降「反省的専門家」モデルが示され，その専門性に光が当てられたことを示した。この専門性を捉えるパラダイムの転換は，保育者自身がこれまで抱いていた理想とする保育者像を転換させ，新しい「反省的専門家」モデルに沿った理想とする保育者像を生み出す要因になったと考えられる。杉浦（2004）は，このように「古い自己を脱ぎ捨てて新しい

自己を作り上げる」経験を転機という言葉で示し，「転機は私たちの自己変容や自己形成に重要な役割を果たしている」と述べた。そこで，本研究では，保育者の転機の経験に焦点を当て，保育者の自己形成について考察を行うこととした。

(3) 保育者効力感の変化と自己形成

　西山（2006，2008）による自我同一性に関する心理尺度と保育者効力感の心理尺度との相関について明らかにした研究では，保育者効力感を高めることが保育者自身の自我同一性形成によい変化をもたらすことを示した。保育者効力感とは，三木ら（1998）において「保育場面において子どもの発達に望ましい変化をもたらすことのできる信念」と定義されており，西山（2005）では保育者の熟達化の過程を読み取る尺度として有効であることが示唆されている。神谷（2010）は，保育系短期大学生に対する保育者効力感と進学理由との相関について質問紙調査を行い，親や家族，親戚に進められて進学した学生が職業的アイデンティティを形成できず，教育や実習を体験しても保育者という職業選択に結びつかないために保育者効力感を下げていることを示している。すなわち，保育者アイデンティティと保育者効力感の間には強い相関性が存在しており，保育者効力感の低下や上昇が保育者の自己形成に何らかの影響を与えていると考えられるのである。そこで，本研究では，保育者の保育者効力感の低下や上昇した経験や出来事に焦点を当て，保育者の自己形成について考察を行うこととした。

第3項　小規模地方自治体の選定理由
(1) 小規模地方自治体の保育者を取り巻く社会的状況の変化

　生涯にわたって急激で多様な社会的状況の変化への適応が求められる保育者の専門性を捉える視点として，特定の経験や出来事だけではなく，日々の保育実践の積み重ねの中での保育者の自己形成プロセスに焦点を当てることとした。そのために，研究対象として，日常的に急激で多様な社会的状況の変化の中に置かれてきた保育者を選定する必要がある。しかし，現代の日本の保育者全てが同じような社会的状況に置かれて保育実践を行っているわけではない。都市部の大規模地方自治体では，少子化，高齢化が進んでいるにもかかわらず，待

機児童の数は減らず，保育施設やそこに勤める保育者が慢性的に不足していることが示されている。ゆえに，都市部の地方自治体に勤める保育者にとって，少子化による社会状況の変化は日常的には感じ取ることが難しい。

　一方，地方部の小規模地方自治体に目を向けると，少子化や高齢化，過疎化からの影響を日常的に大きく受けていることが理解できる。安藤（2003, 2004, 2005, 2006, 2008）は一連の研究で，少子化や高齢化，過疎化によって，幼保一体化や保育施設の大規模化など秋田県内の小規模地方自治体の幼稚園，保育所の保育者が置かれている社会的状況の変化を示し，その変化によってもたらされる就労条件の悪化や地域，家庭との連携の希薄化などの問題点を指摘している。郭（2011）も，現代における少子化の問題は常に併せて高齢化という社会問題が生じる点を指摘しているように，少子化はただ単に少子化だけでなく，同時に高齢化という社会問題を生み出すことを示した。さらに，吉岡（2010）らは，この少子化，高齢化という現象が小規模地方自治体に際立って現れ，山田（2007）は日本における少子化は地域格差を伴っており，より人口の少ない小規模地方自治体において問題が顕著であることを示唆した。つまり，地方自治体の規模によって保育者を取り巻く社会的な状況の違いを踏まえた上で，少子化，過疎化によって子どもの数が少なくなるだけでなく，厳しい財政状況によって，幼稚園や保育所などの保育施設の統廃合や一体化による施設の大規模化が進められ，保育者の就労条件や地域，家庭との連携の希薄化などの問題を持つ小規模地方自治体を選定する必要がある。

(2) 小規模地方自治体の選定

　本研究では，現代の急激で，多様な社会的な変化において日々の保育実践を積み重ねる過程で，①新たな理想とする保育実践を構想し実現した経験，②自らの保育者の専門性について「古い自己を脱ぎ捨てて新しい自己を作り上げる」ような転機の経験，③新たな役割が求められる中で，自らの保育者効力感を低下，上昇させたような経験，以上3つの経験によって自己形成が促された保育者を研究の対象にする必要がある。

　そこで，より人口が少ない小規模地方自治体で，ここ20～30年で少子化，過疎化が進んだ自治体として，平成7年度から統廃合や幼保一体化が推し進められ，平成18年度にX県の公立では初めてとなる公立幼稚園と公立保育所が統

廃合して, 定員120名以上の幼保連携型の認定こども園を設立したＺ町を仮に選定した。

　Ｚ町では昭和55年には200近くあった出生数が, 平成７年には100名を切り, 平成22年では51名と, ここ30年で１/４程度に少子化が急激に進んだ。同時に高齢化率も, 昭和55年には11.9％であったが, 平成７年には20％を超え, 平成22年には29.8％とここ30年で約３倍近くに増加した。さらに, この平成18年に開園した認定こども園では, 開園からこれまでの通常保育だけではなく, 一時保育や早朝保育, 預かり保育, 送迎バスの運行を実施するようになり, 平成22年に併設された子育て支援センターにおいて就園前の親子を対象とした子育て支援や学童保育などの事業を実施するようになった。

Table 1　Ｚ町の少子化, 過疎化の現状

	人口	出生数	変遷（公幼→公立幼稚園, 公保→公立保育所, こども→公立認定こども園）
昭和55年	13,190	202	S35　Ｚ町で初めての保育所としてＣ保育所が開設される S37　Ａ保育所, Ｂ保育所が開設される S47　Ｄ保育所が開設される S48　コミュニティセンター開設（９月）
昭和60年	13,007	167	S52　Ｅ保育所が開設される
平成２年	12,541	126	H7　町内唯一の私立幼稚園がＣ幼稚園になる（公幼１, 公保５）
平成７年	12,174	94	H9　幼児教育推進会議を設立し, 幼保一元教育の推進, 少子化対策, 効率的運用を議論する
平成12年	11,483	92	
平成17年	10,761	81	H14　幼児センターを設立し, 幼児教育行政の一元化をはかる。幼保の教育課程を統一。校舎老朽化のため, Ｅ保育所を小学校に併設, Ｂ幼稚園に認可替え（公幼２, 公保４）
平成22年	10,009	51	H18　幼児センターを教育委員会に組み込み, 教育文化課長が幼児センター所長を兼務。校舎老朽化のため, Ｄ保育所を小学校に併設Ａ幼稚園に認可替え（公幼３, 公保３） H18　Ｃ幼稚園１とＣ保育所１が認定こども園１に統合（こども１, 公幼２, 公保２） H19　こども園が認定こども園に認証 H22　こども園と子育て支援センターの合築新施設の開園。未満児保育を全ての園で実施。こども園のみで, 早朝保育, 延長保育, 一時保育, ０歳児保育が実施される H23　早朝保育, 延長保育がこども園以外の保育施設でも実施される

Table 2　平成23年における Z 町の保育施設の子どもと保育者の在籍数（非正規雇用者数）

	認定こども園	幼稚園 A	幼稚園 B	保育所 A	保育所 B	合計
子ども	117	16	9	84	24	250
保育者	20（14）	3（1）[※1]	3（2）[※1]	13（8）	5（2）	44（27）[※2]

※ 1　幼稚園の園長は小学校校長と兼務で日常の保育には参加しないので人数には加えていない。
※ 2　非常勤職員率は61.4％。

Table 3　研究協力者・職位一覧（平成22年度時点での年数，職位）

	A	B	C	D	E	F
経験年数	38	36	32	38	39	34
職位	所長	副所長	副所長	所長	所長	副所長

　著者は，仮の選定後に，実際に平成22年 1 月から 6 月まで，週に 1 回程度，Z 町の全ての保育所，認定こども園，幼稚園，それらを管轄する幼児教育課を対象にフィールドワークを行った。Z 町の近年の少子化，過疎化の状況や幼稚園，保育所の統合，再編成の状況については年代も含めて Table 1に，現在の状況については Table 2に示した。

(3) 研究協力者の選定

　次に，研究協力者の選定にあたっては，急激な少子化，過疎化によって生じた社会的な状況の変化を経験していることが求められるため，第二次ベビーブームで子どもの数が多かった昭和55年以前から保育者として働いており，認定こども園への統廃合を経験し，全盛期から 4 分の 1 程度にまで減少した平成22年まで保育者として勤務していた保育者を選定しようと考えた。

　さらに，保育者としての経験年数だけではなく，その保育者が実際に保育者として自己形成を経て熟達しているのかが重要になる。そこで，実践や研究に携わった経験や他の保育者への影響力などを考慮しつつ，予備調査でインフォーマルなインタビューを複数の保育者に行い熟達した保育者であると多くの保育者が認める者を選定した。Table 3に研究協力者の経験年数と現在の職位の一覧を付す。

第5節　研究の全体構想と研究方法

　本研究の目的を達成するための研究全体の構想について示唆を行い，全体構想において示したそれぞれの個別の研究の目的と，それぞれの研究の関係性やその研究方法について概説する。

第1項　本研究の目的と4つの研究

　本研究では，現代において急激に，多様に変化する社会の状況における保育者の自己形成プロセスを明らかにすることで，現代社会に生きる保育者の専門性を新たな視点で捉えようと考えた。そこで，先に示した自己形成プロセスを捉えるために，保育者アイデンティティ，保育者の転機，保育者効力感，実践コミュニティ，以上4つの視点を用いることとした。そして，この4つの視点で保育者の自己形成を捉え，そのプロセスを明らかにすることで，それらの研究によって得られた知見を総括して，保育者の専門性について検討を行おうと考えた（Figure 1参照）。

　まず，研究A（第2章）では，保育者が現代社会において自らの理想とする保育者像をどのように構想し，それを実現していくのか，そのプロセスを明らかにする。研究対象は，保育者が採用されてから現在に至るまでの20年以上を対象として，理想の保育実践を構想し，実現に至るまでの過程における保育者の全ての経験や出来事について焦点を当て，保育者アイデンティティの変容の実相について明らかにする。

　次に，研究B（第3章）では，保育者自らが理想とする保育者像を実現した経験や出来事の中でも，とくに保育者自身が「古い自己を脱ぎ捨てて新しい自己を作り上げる」経験と特別に強く認識している転機の経験や出来事に着目し，その経験や出来事における自己形成プロセスについて明らかにする。

　さらに，研究C（第4章）では，保育者の自己形成プロセスにおける社会的な状況の変化が与えた影響を詳細に捉えようと考えた。具体的には，研究協力者から1人の熟達した保育者を抽出し，その保育者の採用から現在までの長い期間における保育者効力感の変化を指標として，その変化の時々の経験や出来

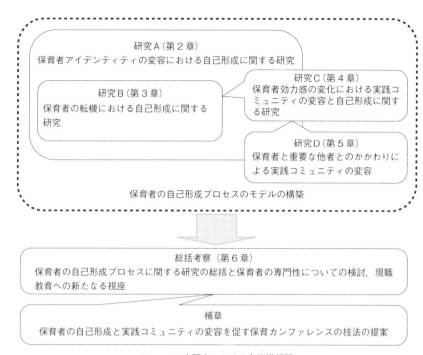

Figure 1　本研究における全体構想図

事における自己形成プロセスについて他者とのかかわりの変容に着目して検討
を行う。

　そして，研究D（第5章）では，自己形成プロセスにおける他者とのかかわ
りに焦点を当てる。自らの実践コミュニティをどのように変容させていったの
か，その実相について明らかにするとともに，保育者が他者とのかかわりをど
のように意味づけているのか，重要な他者が自己形成プロセスに与える影響に
ついて検討を行う。

　最後に，これら4つの研究から明らかにされた保育者の自己形成プロセスに
おけるさまざまな経験や出来事を統合することで保育者の自己形成プロセスの
モデルを構築し，その統合したモデルをもとに保育者の専門性について検討を
行うものである。

第2項　研究方法について

(1)　質的研究法の選定について

　本研究では，保育者の自己形成プロセスを明らかにするが，本研究で取り扱う保育者アイデンティティや自己効力感などの自己概念は，エリクソンが示したような個人内に静的，固定的に存在するものではなく，社会学や社会心理学の領域で示されてきた他者との相互作用や，社会的文脈の中で動的に，流動的に変容させていく存在として捉える。そのため，マースィア（Marcia, 1966）による自我同一性ステイタス法や，ラスムッセン（Rasmussen, 1964；宮下, 1987）による質問紙による尺度のように，アイデンティティを個人の中にある静的，固定的なものとして捉える統計的な手法による量的研究法は用いるのではなく，ある現象における他者との相互作用や社会的，文化的な文脈を考慮して分析を行う質的研究法を用いることとした。

　質的研究法における文脈の重要性については，波平（2005）が質的研究法の特徴として（1）多様な研究方法の総体としての質的研究，（2）研究対象が方法論を決定する，（3）研究対象の人々の視点に立つ，（4）文脈を重視することを示し，質的研究法が社会的な文脈を重視した研究方法であることを示した。西條（2007）も質的研究では人の行動の意味を解釈する際に，文脈を考慮する点を重視していることを示唆している。また，ボグダンとビクレン（Bogdan & Biklen, 2006）も質的研究の特徴について，（1）自然主義的であること，（2）プロセスを重視すること，（3）帰納的であること，（4）意味に注目すること，以上4点を示し，質的研究法が文脈を重視している点を示唆している。

　そこで本研究では，やまだ（2004）が「質的研究とは，具体的な事例を重視し，それを文化・社会・時間的文脈の中でとらえようとし，人びと自身の行為や語りを，その人びとが生きているフィールドの中で理解しようとする学問分野である」と述べた質的研究法を採用することとした。

(2)　本研究で用いる分析方法

　質的研究法とは，量的研究に対応する用語で，量的研究が客観主義の立場に基づき，数値化できるデータ（定量的データ）を統計的な手法によって分析（定量的分析）を行うのに対して，研究対象の言葉や行為などの数量化しにくい素

材（定性的データ）を分析（定性的分析）する研究法である。主に，素材としてはインタビュー，フィールドノーツなどが挙げられ，分析法は，グラウンデッド・セオリー・アプローチやエスノグラフィー，ライフストーリーなど多数存在する。分析法はそれぞれに文化人類学，社会学，社会心理学，現象学などの学問領域を理論的背景としており，素材データや研究目的によって分析法を使い分ける必要がある。そのため，本研究においても，研究の視点に応じて保育者の自己形成プロセスが明らかになるような分析法を検討する必要があると考えた。

研究 A（第 2 章）：グラウンデッド・セオリー・アプローチ（Grounded Theory Approach：GTA）

　研究 A では，危機体験だけではなく，日常の保育実践における保育者アイデンティティの変容について明らかにする。ゆえに，社会や文化の中でさまざまな経験や出来事によって保育者が多様な意識を生じさせ，それらの多様な意識が互いに作用し合い，体系立てられていると想定できる。そこで，研究 A ではシンボリック相互作用論の立場に立ち，データから概念を抽出してその概念を体系的に関係づけた理論を生み出すことが可能なストラウス・コービン版のグラウンデッド・セオリー・アプローチ（Grounded Theory Approach ：GTA）を用いることとした。

研究 B（第 3 章）：SCAT（Steps for Coding and Theorization）

　研究 B では「古い自己を脱ぎ捨てて新しい自己を作り上げる」経験と特別に強く認識している転機の経験や出来事に着目する。そのため，研究 A とは違いサンプリングできる事例に限りがあり，比較的少数のデータをもとに，転機の経験や出来事から概念を導き出し，保育者の自己形成プロセスの理論を構成する必要がある。そこで，大谷（2011）が小規模データから理論を構成することが可能な質的データ分析として示した。SCAT（Steps for Coding and Theorization）を用いることとした。

研究 C（第 4 章）：複線径路・等至性モデル（Trajectory Equifinality Model：TEM）

　研究 C では，保育者の採用から現在までの長い期間における保育者効力感の変化を指標として，その時々の社会状況における保育者の経験や出来事から自己形成プロセスを明らかにする。そこで，研究 C では，人が社会や文化な

どと相互作用によって発達していく開放システムであると捉える一般システム論に依拠し，ヴァルシナー（Valsiner, 2001）が示した同じ社会や文化に生きる人の発達が複数の多様な径路（複線径路）をたどりつつも，同じ結果に至る（等至性）という「等至性」概念をもとに作られた複線径路・等至性モデル（Trajectory Equifinality Model：TEM）を用いることとした（サトウ, 2012b)[9]。

研究 D（第 5 章）：PAC 分析

　研究 D では，保育者の自己形成にかかわった多様な他者とのかかわりの在り方について，その実相を明らかにすることで，保育者の自己形成を促した実践コミュニティの意味について総合的に検討を行う。そこで，研究 D では，保育者が他者とのかかわりについてどのようなイメージやビリーフを抱いているのか，その意識の構造を明らかにしようと考え，イメージや態度，認知の構造を明らかにするために有効である PAC（Personal Attitude Construct）分析を用いることとした。

総括考察（第 6 章）：発生の三層モデル（Three Layers Model of Genesis：TLMG)

　総括考察では，研究 A，B，C，D によって保育者のさまざまな経験や出来事から得られた保育者の自己形成プロセスに関する知見を統合することで，保育者の自己形成が発生するプロセスを明らかにする。そこで，サトウ（2012）が人やその他のシステムの内的変容過程やメカニズムを仮定して理解することが可能であると述べた「発生の三層モデル（Three Layers Model of Genesis：TLMG)」によってモデルを構築し，そのモデルをもとに現代の急激で多様な社会変化に対応するために保育者に求められる専門性について検討を行う。

【注】
1）　地方自治体の規模については，門田ら（2011）が自治体の規模を人口 5 万人ごとに分類しており，5 万人未満を最小の小規模地方自治体として位置づけている。
2）　平成21年11月に始まった保育士養成課程等検討会は，平成22年 3 月までに 6 回実施された。議事録や資料については，下記 URL を参照。http://www.mhlw.go.jp/shingi/other.html#koyou
3）　平成22年度までは「保育原理（ 4 単位）」。平成23年度からは「保育原理（ 2 単位）」と「保育者論（ 2 単位）」となった。
4）　例えば，森上（2001），青木（2002），小田（2001）は保育者論の重要性，必要性について10年以上も前から示唆している。

5）　ショーンは豊かな知識や高い技能に保障された専門性を「技術的合理性（technical rationality）」と述べ，その限界を指摘した。

6）　日本保育学会が刊行する保育学研究（2001）第39巻1号において「保育者の専門性と保育者養成」の特集，ミネルヴァ書房（2000）「発達」21（83）では特集「保育者の成長と専門性」が組まれた。

7）　田爪ら（2006），小泉ら（2006），西山（2006，2008），西山ら（2007），大條（2007），足立（2008）らによる一連の研究では，研究対象が，養成校における学生を対象としている。その方法も加藤（1983），谷（2001）が作成した自我同一性尺度など質問紙調査によるものである。

8）　梶田（1980）は，自己意識と自己概念について，主我〈I〉と環境との間での意識的，無意識的な活動による相互作用を通じて主体に残る痕跡や蓄積されるものを経験と述べた。そして，主我〈I〉の活動全てが経験となるわけではなく，意識化された経験の一部が自己意識となり，この自己意識が記憶されることで，それを核として関連した意識的，無意識的な経験が組織化されたものを自己概念であると示した。

9）　サトウ（2012）はTEMについて，「時間を捨象せず個人の変容を社会との関係で捉え記述しようとする文化心理学の方法論である」と述べている。

第2章　小規模地方自治体における保育者の成長

第1節　保育者アイデンティティの形成プロセス

　本章では，保育者アイデンティティの形成する過程に焦点を当てるが，保育者アイデンティティについて，足立（2008）は，経験をもとに保育者自身が「保育者はこうあるべき」という自己概念を形成し，それと社会的な考えを一致させていくときに得られる「私は保育者である」というアイデンティティを保育者アイデンティティであると述べている。また，大條（2007）も，実際に働いている保育者を見て，自分の中に自らが理想とする保育者像を形成していくことを保育者アイデンティティの形成と定義している。西坂ら（2009）も保育者アイデンティティが「保育者としての自己の確立であり，理想やモデルとなる保育者像と自分自身に対する理解を深め一致させていくこと」で形成されると述べている。

　そこで，本研究では「今の自分の保育を，自らが理想とする保育へと一致させていく中で形成していく自己概念」と定義する。本章では，保育者アイデンティティを形成する過程に焦点を当てるため，具体的には日々の保育実践において，自ら理想とする保育を構想し，今の自分の保育を理想とする保育に一致させていく過程を捉えようと考えた。また，その過程において，保育者にどのような感情が生起し，どのような意識を持ち，行動や態度を取ったのか，その具体的な様相を明らかにする。さらに，それをもとに小規模地方自治体の保育者の成長の特徴について検討を行おうと考えた。

第2節　グラウンデッド・セオリー・アプローチ(GTA)の手続き

第1項　インタビューの方法

(1) 質問項目について

　岡本（2002）が，アイデンティティ研究において，「個体発達」から「関係性の中での発達」をも包含した理論的見直しが進められており，他者とのつながりの中での自己，社会における自己の位置づけに着目する必要性を示している。そこで，協力者の語りに沿いつつ質問を行うことで，個人的な体験だけでなく，そこでかかわった他者やその社会，文化などの文脈や背景も含めて聞き出すことが可能な半構造化インタビューを用いることとした。具体的にはTable 4に示したように，はじめに質問項目①を示し，その理想とする保育実践の内容を語ってもらい，その内容を構想した②時期や③要因となった出来事，その経緯について明らかにする。その後に，④それを実現するために求められる保育者の資質や，⑤それによって生じた問題や障害についての語りから，少子化，過疎化による影響を捉えようと考えた。

(2) 対象と期間，回数

　1人当たりのインタビューは1人1時間10分から3時間弱程度で，雪だるま式サンプリングを用い，理論的飽和が確認されるまで複数回行い，結果的に6名にインタビューを実施した。また，他に経験年数15年以上1名，10年以上1名，5年以上1名，5年未満1名，以上4名の各年代の保育者にインタビューを行い，理論的飽和を確認した。なお，インタビューの期間は，平成22年7月から平成23年9月まで，週に1回程度のペースで実施した（Table 5）。

Table 4　質問項目

①	これまで取り組みたいと思った保育実践はどのようなものか（理想とする保育）
②	この保育実践をしたいと考えるようになったのはいつごろか（その時期）
③	それを考えるようになったきっかけは（その要因）
④	この保育実践をするために求められる資質や専門性とはどのようなものか（実現に必要な資質）
⑤	この保育実践を行う際に生じた問題や障害（少子化の影響）

Table 5　研究協力者・面接時間・職位一覧

	A	B	C	D	E	F
経験年数	38	36	32	38	39	34
面接時間	2 h15m	2 h57m	1 h56m	1 h56m	1 h12m	1 h24m
面接回数	5	5	4	3	2	2
職位	所長	副所長	副所長	所長	所長	副所長

第2項　分析方法の選定

　本研究では，保育経験30年以上の保育者6名を対象に半構造化インタビューを実施し，保育者アイデンティティの形成過程を明らかにしようと考えた。

　当初，保育者アイデンティティの形成過程における重要な経験や出来事ごとに，その経験や出来事を表象するような概念についてカテゴリー化しようと考えていた。そこで，はじめにインタビューで得た言語データを定性データ分析（Qualitative Data Analysis：以下 QDA）ソフト「WeftQDA」によって，文脈を考慮しつつ切片化し，それらをコーディングし概念を抽出した。

　その結果，いくつかにカテゴリー化した概念が相互に作用しながら理想とする保育実践を構想し，実現していくことが示された。そこで，戈木（2006）がシンボリック相互作用論の影響が強く「データに基づいて分析を進め，データから概念を抽出し，概念同士の関係づけによって研究領域に密着した理論を生成する研究方法」であると述べた。ストラウス・コービン版のグラウンデッド・セオリー・アプローチを採用した。

第3項　分析の手続き

　実際には，まず（1）半構造化インタビューによって言語データを得て，（2）理想となる保育を構想し，それを実践していくまでの過程の言語データを文脈ごとに切片化し，（3）その切片化したデータからプロパティ，ディメンションを抽出し，それらの切片に示された単語をつかって簡潔なラベルを付ける。全てのラベルを付け終えた後に再確認を行い，それらをもとに概念の抽象度を高くし，似た概念をまとめたり，比較したりすることで，カテゴリーを作成した（オープン・コーディング）。そして，（4）現象ごとにカテゴリーと

サブカテゴリーを位置づけ，プロパティとディメンションによって関連づけて現象ごとに構成した（アクシャル・コーディング）。さらに，（5）全ての現象を集めて，カテゴリー同士を関連づけて，それもとに，ストーリーラインを生成し，（6）そのストーリーラインから理論仮説を構成した（セレクティブ・コーディング）。このオープン・コーディングとアクシャル・コーディング，セレクティブ・コーディングを繰り返しながら，理論仮説を精査していった。最後に，（6）理論仮説の妥当性と信頼性を上げるために，研究協力者以外の保育歴20年以上の保育者2名とで，抽出されたラベルやカテゴリー，その関連図，ストーリーラインについてカンファレンスを行い，さらに精査を行った。

第3節　3つのパラダイムと2つのサイクル

　分析の結果，小規模地方自治体の保育者が，少子化，過疎化の影響を受けながら保育者アイデンティティを形成する過程について，3つのパラダイム（P1～P3）と，6つのカテゴリーとそれぞれにサブカテゴリーが示され，それらの関連図として Figure 2を示すことができた。

　カテゴリーとサブカテゴリー，ラベルを示し，その中で少子化，過疎化による影響について示した言語データも併せて Table 7～10に示した。まず，パラダイムごとにストーリーラインによってその概観を述べ，少子化，過疎化の影響を受けたカテゴリー，サブカテゴリー，ラベルを示して，その影響について説明を行う。なお，カテゴリーを《　》，サブカテゴリーを〈　〉，ラベルを〔　〕内に示した。

第1項　3つのパラダイム

　言語データから，保育者アイデンティティを形成する過程において，異動する経験が契機となることが示された。そして，この異動の前後で保育者が危機を感じ，それによって不安や葛藤が生じることが示された。そこで，アクシャル・コーディングの段階で，【P1異動前にそれを予感し，感情で心を揺らしつつも，それを受容し異動していく】まで，【P2異動してから理想とする保育実践を構想し，葛藤しそれを乗り越える（乗り越えられない）】まで，そし

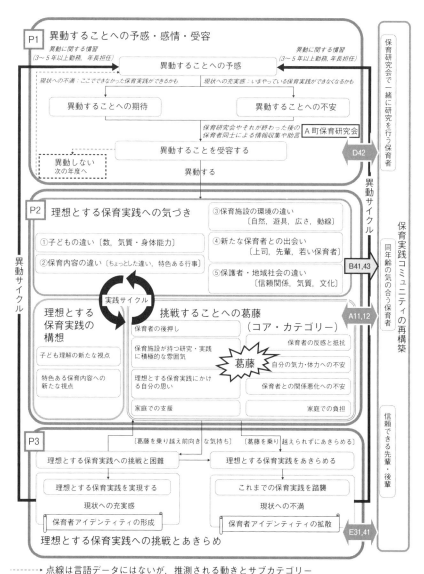

---▶ 点線は言語データにはないが，推測される動きとサブカテゴリー

Figure 2　保育者アイデンティティの形成プロセス

て，【P3 実際に挑戦して理想とする保育を実現し，充実感を得る（もしくは，あきらめてこれまでの保育実践を踏襲し，不満を抱く）】まで，以上の3つのパラダイム（Table 6）に分類した。また，この3つのパラダイムは，異動することで連動し，退職するまで繰り返されることが示された。

　次に，この3つのパラダイムごとに，その概観を説明する。

第2項　パラダイム1（P1）異動することへの予感・感情・受容

(1) P1のストーリーライン

　保育者は，同じ保育施設に3年から5年以上勤めたり，年長を担任したりすることで〔異動する慣習〕[1] が存在することを知っている。そして，その条件に自分が適合したり，〔他の保育者の反応〕を感じ取ったりすることで〈異動することへの予感〉を強めていく。その際に，〈現状への不満〉を抱いている保育者は，今の保育施設で〔できなかった保育実践ができることへの期待〕を感じ，〈異動することへの期待〉を抱き始める。一方，〈現状への充実感〉を抱いている保育者は，新しい保育施設で〔今の保育実践ができなくなることへの不安〕を感じ，〈異動することへの不安〉を抱くようになる。この保育者の感情の揺らぎは，Z町の保育研究会の研修会や公開保育に参加して，実際に他の保育施設の保育実践を見たり，それが終わった後に立ち話をしたりと，〔保育

Table 6　3つのパラダイム

	P1 異動の予感・感情・受容	P2 実践サイクル	P3 新たな保育実践への挑戦とあきらめ
状況	異動する予感 異動することへの不安 異動することへの期待	理想する保育実践への気づき	葛藤を乗り越える 葛藤を乗り越えられない
行為／相互行為	異動することを受容する 保育研究会を通して情報収集	理想とする新たな保育実践を構想する 挑戦しようか葛藤する自分	理想とする保育実践への挑戦と困難 　実現する 　途中であきらめる 理想とする保育実践をあきらめる
帰結	異動する	葛藤を乗り越える 葛藤を乗り越えられない	挑戦→実現→現状への充実感 あきらめ→踏襲→現状への不満

者同士による情報収集による落ち着き〕が生まれ，それによって〔どこでも頑張れる自信〕が生まれて，次第に〈異動を受容する〉。そこで，このパラダイムを《異動することへの予感・感情・受容》のカテゴリーとした。

(2) P1における少子化，過疎化の影響 i：子どもの数の差異と不安・期待

　このパラダイムでは，少子化，過疎化の影響として，小規模施設の保育者は異動によって自分が担当する子どもの数が急激に増加し，〔今の保育ができなくなることへの不安〕を増大させていることが（Table 7，D21）示された。その一方で，大規模施設に勤める保育者は，自分の担当する子どもの数の少なさや，組織自体が小規模になることで，新しいことにも柔軟に対応することができるのではないか（D31）と考えて，〔できなかった保育実践ができることへの期待〕を抱くことが示された。これらの影響は，Z町の中心部にある保育所が幼稚園と統合されて認定こども園として大規模化したために，過疎地域にある小規模施設との子どもの数に大きな差異が生じたことが要因となると考えられる。

　この感情の揺らぎは，保育者同士による情報収集によって，しだいに落ち着く。しかし，小規模施設においては，子どもの数が少ないだけではなく，施設における保育者数も同様に少なくなる（Table 2参照）。そのため，保育者は自ら勤める施設の保育者だけではなく，研修会など保育者が集まる機会を利用して，同年代や一緒に働いたことのある気の合う保育者同士で情報収集していることが示された（D42）。

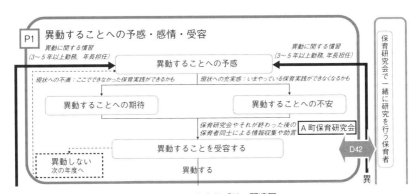

Figure 3　P1のカテゴリー関連図

Table 7   P1のカテゴリーDと言語データ

カテゴリー	サブカテゴリー	ラベル	少子化の影響（○），実践コミュニティ（●）に関する言語データ
D 異動することへの予感・感情・受容	D1：異動することへの予感	D11：異動する慣習	
		D12：周りの保育者の反応	
	D2：異動することへの不安	D21：今の保育実践ができなくなることへの不安	○子どもの数の多い保育所に異動することで，異年齢保育ができるんだろうかすごく不安に感じていました。
		D22：今の保育へのおもいの強さ	
	D3：異動することへの期待	D31：できなかった保育実践ができることへの期待	○子どもの数も少ないし，楽しみで。クラスも少ないとフットワークが違う。あんなことしたい，頭の中でぐるぐる，（異動も）きまってないのに。
		D32：次にかけるおもいの強さ	
	D4：異動を受容する	D41：保育研究会で公開保育を見る	
		D42：保育者同士の情報収集による落ち着き	●情報が入らない。それでいろんな人にあそこはどうかな，ここはどうかなっていろいろ情報をききますね。年長担任で，もう5年も勤めてましたから。公開保育が終わってから立ち話でとか，それで気持ちを静めて
		D43：どこでも頑張れる自信	

第3項 パラダイム2（P2）実践サイクル

(1) P2のストーリーライン

　保育者は，保育実践に関与しながら，次第に前の保育施設と今の保育施設との〈子どもの違い〉〈保育内容の違い〉〈保育施設の環境の違い〉〈新たな保育者との出会い〉〈保護者・地域社会の違い〉などの違いや出会いをもとにして，《新しい保育実践への気づき》を得る。そして，これらの気づきをもとに，保育者は〈子ども理解の新しい視点〉や〈特色ある保育内容への新たな視点〉を取り入れて，《理想とする保育実践の構想》を行う。

　ただし，保育者はそれをすぐに実行に移すことはない。保育者は自分の〈理

想とする保育実践にかける自分の思い〉や〈家庭での支援〉を感じ，理想とする保育実践に挑戦しようと思いを強める。一方，それに相反する自分の〈気力・体力への不安〉や子育てや家事などの〈家庭での負担〉を感じ，挑戦をためらい葛藤を抱く。また，この葛藤は保育者個人だけではなく，〈保育者の後押し〉や〈保育施設が持つ研究・実践に積極的な雰囲気〉〈保育者の反感と抵抗〉〈保育者との関係悪化への不安〉など，他者との関係においても生じ，《挑戦することへの葛藤》を増大させる。

　気づきから構想，葛藤に至るまでのプロセスは一回性のものではなく，繰り返されることが示された。保育者は，葛藤を感じながら日々保育実践を繰り返す中で，また新たな気づきを得る。そして，それらをもとに理想とする保育実践をより現実的なものへと調整したり，葛藤の要因を改善したりすることで乗り越えようとする。そこで，この3つのカテゴリーの円環性を「実践サイクル」とした。そして「挑戦しようか－あきらめるか」を選択するこの分岐点が保育者アイデンティティの形成過程において重要であると考え，《挑戦することへの葛藤》をコアカテゴリーと位置づけた。

(2) 少子化，過疎化の影響ⅱ：ヒエラルキーと希薄化

　《挑戦することへの葛藤》では，少子化の影響として，小規模施設の保育者

Figure 4　P2のカテゴリー関連図

が少人数であるために情報の共有化は簡単なものの，数少ない保育者との関係悪化を心配し，その関係を良好にするために配慮していること（A51）が示された。

Table 8　P 2 のカテゴリー A と言語データ

カテゴリー	サブカテゴリー	ラベル	少子化の影響（○），実践コミュニティ（●）に関する言語データ
A 挑戦することへの葛藤	A 1 ：保育者の後押し	A11：同じ思いを持つ保育者の存在	●いろんな悩みを聞いてもらって，研究会が終わってからとか，土曜日や休みのときに集まったりして，いろいろ議論しながら，変えるべきことは変えて，よし（理想とする保育実践を）やろうって。
		A12：挑戦することすすめる先輩の存在	●いいよ，いいよやってみたらって，お姉さん（先輩）方が。こういうことしてみたいっていうと，だめっじゃなくて，まず（理想とする保育実践を）やってみないとっていわれて。それがあったから，今でも（先輩に）話すんだよね。
		A13：理解してくれる上司	
	A 2 ：保育者の反感と抵抗	A21：これまでの保育にこだわる先輩保育者	
		A22：仕事が増えることを心配する保育者	○非常勤には無理させられない。正規職員と違って時間分しか（給料が）ない。（新しいことをして）仕事が増えるだけで，大変になるだけなのは駄目。ここは預かりもやって，正職も（シフトが）大変だから。
		A23：以前からの感情のもつれ	○二人で話をしていても，いつも自分の意見ばかりを言う人で，以前からなんとなく，勝手にどうぞっていう感じになってしまった。
	A 3 ：保育所が持つ研究・実践に積極的な雰囲気	A31：研究を推進する役割を担っている保育所	
		A32：いろいろな実践を許容する職場の雰囲気	
	A 4 ：理想とする保育実践にかける自分の思い	A41：前の保育所での成功体験	
		A42：新しい実践が子どもたちに与える良い影響	
		A43：自分の幼少時の原体験	

A5： 保育者との 関係悪化へ の不安	A51：良好だった保育者との 関係性の悪化への不安	○（二人だけだと）すぐ話し合えていいん だけど，二人しかいないなかで，二人の関 係が壊れることになることが，ちょっとこ わかった。
	A52：保育者の妬みの予想	○自分の意見が強い人と組むと，何をする にも相談して，納得してもらってからでな いと，勝手にしてってなる。自分ばっかり いい顔してって。
	A53：保育者集団同士のいが み合いへの危惧	○職員が多いといろいろあって，やっぱり 共有できないっていうか，みんながそろう こともないし，だから互いが仲が悪くなら ないように気をつけている感じ，踏み込ん でいけない。
A6：自分 の体力・気 力への不安	A61：加齢に伴う体力の減退 への不安	
	A62：新しいことに取り組む 気力への不安	
A7：家庭 での負担		

　また，そのために，保育者間に自分の意見を強く言う者と，強く言えない者との間にヒエラルキーが生まれ，それが固定化することによって葛藤がより深まる（A23，A52）ことが示された。一方で，大規模施設では，保育者の数が多く（Table 2），保育実践の情報の共有化が困難な状況（A53）が示された。さらに，A町では少子化対策として，一時預かりや長時間保育など多様化した保育ニーズに対応するために保育者を増員したものの，財政悪化のために非常勤だけが補充された（Table 2，A町の非正規雇用者の割合は61.4％と高い）。非正規雇用者には決まった時間分の給与しか支払われないため，仕事だけが増えることや，シフトが複雑な正規の保育者に配慮する保育者（A22）の存在が示された。これらの影響は，子どもの数の差異によって，保育者数にも極端な差異が生じたことが要因になったと考えられる。

　これらの少子化，過疎化の影響を解消するために，保育者は日々の実践を通して同じ施設の保育者との関係性を構築したり，非正規雇用者の仕事量を軽減したりするなどの配慮を行う。また，それだけではなく，そこでの悩みを施設外の保育者に聞いてもらったり，助言を受けたり，後押しを受けたりすること

で葛藤を乗り越えること（A11, A12）が示された。

(3) 少子化, 過疎化の影響ⅲ：小規模施設の柔軟さ

　また,《新しい保育実践への気づき》カテゴリーでは, 子どもの数の減少によって, 保育者が子ども理解を深めたり（B11）, 子どもが少ない現状に合わせて, 異年齢保育を構想し, 実践したり（B21）, 運動会をより日常の保育実践と結び付けたり（B22）, 地域の住民と日常的な交流をしたり（B51）することが可能であったことが示された。子どもと保育者が少ないために, 保育者が, 気づきから理想とする保育実践を構想し, 挑戦するまでの過程が迅速になるとともに, 保育者間の情報共有もスムーズなことから, 施設全体で新たな保育実践に取り組む柔軟さが, 小規模施設に生み出されたことが示された。

第4項　パラダイム3（P3）理想とする保育実践への挑戦とあきらめ
(1) P3のストーリーライン

　保育者は, 自らが理想とする保育実践の再構成を繰り返す中で, その葛藤を乗り越え〈理想とする保育実践への挑戦〉を行うか, また〈理想とする保育実践をあきらめる〉か, その選択を行う。理想とする保育実践をあきらめた保育者は, 自らの保育者アイデンティティを拡散させ, しだいに〈現状への不満〉を抱くようになる。一方, 挑戦した保育者でその理想とする保育を実現した者は, 新たな保育者アイデンティティを形成し〈現状への充実感〉を得る。しかし, 挑戦した保育者が全て理想とする保育実践を実現できるわけではない。不安が増大したり, 新たな不安が表出したりすることで,《挑戦することへの葛藤》に戻ったり,〔挑戦しつづけることの困難さ〕を感じ,〔困難によるあきらめ〕に至ることが示された。

　しかし, 不満や充実感が長く続くことはない。なぜならば, A町には〔異動する慣習〕があり, 異動から3〜5年もすると, 保育者は〈異動することへの予感〉を感じ始めるのである。ゆえに, 保育者は,〈現状への充実感〉を得ていたとしても, すぐに〈異動することへの不安〉な感情に転換する。また, 逆に〈現状への不満〉を抱いている保育者は,〈異動することへの期待〉を抱くようになるのである。そこで, Figure 2で〈現状への充実感〉と〈現状への不満〉から,〈異動する予感〉に戻る矢印を設けて, 3つのパラダイムを円環

Table 9　P2のカテゴリーBと言語データ

カテゴリー	サブカテゴリー	ラベル	少子化の影響（○），実践コミュニティ（●）に関する言語データ
B 新しい保育実践への気づき	B1：子どもの違い	B11：担当する子どもの数の違い	○保育所にいったら，もう合わせて12人で，そこに保育者が2人，もう子どもに寄り添うってこんな感じだって初めて体感したというか。
		B12：地域による子どもの気質の違い	
		B13：子どもの身体能力の違い	
	B2：保育内容の違い	B21：日常的な保育のちょっとした違い	○子どもの数が少ないから，同年齢だけだと人間関係が限定されるから，異年齢の交流をしようって。年長児と年少児のかかわりっておもしろさを感じましたね。
		B22：特色ある行事，保育実践への理解	○いつも，小学校のグラウンドを借りて徒競走をしてたけど，子どもも少ないし，いつも生活している園庭で運動会をすればもっと面白いことができるかもって，みんながやろうってなって。それぞれいろんな（種目の）アイディアをだして。
	B3：保育施設の環境の違い	B31：豊かな自然	
		B32：遊具などの数や種類の違い	
		B33：遊戯室・グランド・砂場の広さ	
		B34：園内の動線の違い	
	B4：新たな同僚保育者との出会い	B41：影響力のある先輩・同僚保育者との出会い	●すごい見てるだけで勉強になるというか。自分の保育しながらG先生の保育をずっとみてた。今でも話をしますよ。というか相談に押しかける。
		B42：寛容な上司との出会い	
		B43：後輩の保育者から気づかされること	●いろいろと相談にのることが多かった。私から見ても，面白いな。やっぱ若い人の保育ってこうじゃなきゃ，それでずっと（関係が）つづいてる。
	B5：保護者・地域社会の違い	B51：保護者との信頼関係の構築	○地域が家族みたいな感じ，地域の人がすぐに協力してくれる。おじいちゃんの畑を散歩がてら見にいって，一緒に収穫させてもらったり。
		B52：地域住民の気質の違い	
		B53：地域の社会・文化的な環境の違い	

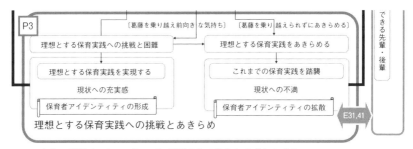

-------→ 点線は言語データにはないが，推測される動きとサブカテゴリー

Figure 5　P3のカテゴリー関連図

状につなげ，「異動サイクル」とした。

(2) 少子化，過疎化の影響ⅳ：大規模施設の硬さ

《理想とする保育実践への挑戦とあきらめ》では，大規模施設の保育者数が多く，互いの情報の共有化や，子どもの数に対して施設が狭いこと（E12）に難しさを感じていることが示された。さらに，大規模施設では，同年齢の子どもの数が多いため，同年齢の関係性の形成に保育者の意識が高く，学年やクラス意識が高いことが示された（E22）。また，E22では，大規模施設の保育者が，子どもと保育者の数の多さが複合的な要因となって，新たな保育実践に取り組むことが難しいため，これまでの保育実践を踏襲していこうとする傾向が強いことが示された。つまり，大規模施設では，組織全体で新たな保育実践に取り組む柔軟さに欠けること（E22）が示された。

　これらの影響を解消するために，保育者は，あきらめによって生じた失望感や不満を，勤務する施設外の同期の保育者への相談することで和らげている（E41）。また，理想とする保育を実現した保育者も，施設外の他の保育者から助言や後押しが役立ったこと（E31）を示している。

第4節　少子化が保育者の成長に与えた影響

　本研究の成果として，小規模地方自治体の保育者がさまざまな危機に直面しながらも，「実践サイクル」「異動サイクル」を繰り返す中で，理想の実現を目指して，新たな気づきを得たり，他者とかかわったりすることで，その都度さ

Table 10　Ｐ3のカテゴリーE，Fと言語データ

E 理想とする保育実践への挑戦とあきらめ	E1：理想とする保育実践への挑戦と困難	E11：葛藤を乗り越え前向きな気持ち	
		E12：挑戦しつづけることの困難さ	○やり始めたのはよかったんだけど，やっぱり，（大規模施設では）異年齢間の情報をやりとりするのが難しかった。場所も限りがあるし。
	E2：理想とする保育実践をあきらめる	E21：葛藤を乗り越えられずにあきらめる	
		E22：困難によるあきらめ	○クラスはクラスで毎年，きまってやることがあって。（保育施設）全体で新しいこと，これまでしてないことを何かしようというのは難しい。それよりクラス意識，子どももいるから同年齢と関係への意識が強くて。結局，反対にあってやめちゃった。
	E3：現状への充実感	E31：理想とする保育実践を実現する	●いろんな人から，いろいろやりながらアドバイスもらえたのが良かった。だからつづけられた。一人ではやる（実現する）ことは無理だったよね。
		E32：理想とする保育実践での充実感	
	E4：現状への不満	E41：あきらめによる失望感	●できなくてがっくりきちゃった。同期から相談に乗ってもらってなんとか。でももうなんかやる気がわかないというか，本当にがっかりした。
		E42：現状の保育実践への不満	
F 保育実践コミュニティの再構築	F1：保育研究会で一緒に研究を行う保育者	F11：ともに研究することで生まれた連帯感	●施設ごとの研究主任によって構成される研究部会で，一緒に研究に携わった保育者同士の絆があった。
		F12：町の保育を担っている充実感の共有	●全国大会まで進んだ研究によって生まれた充実感を共有した保育者
	F2：同年齢の気の合う保育者	F21：同年齢であることの安心感	●同年代で昔から知り合いだった。
		F22：ストレスの発散，愚痴が言える仲	●同年代で昔から知り合いだった。
	F3：信頼できる先輩・後輩	F31：尊敬できる先輩	●B41から
		F32：いろいろと相談してくる後輩	●B43から

まざまな学びを得て成長してきた姿を明らかにした。そして，危機を乗り越え
て保育者アイデンティティを形成していく過程をFigure 2に図式化することで，
小規模地方自治体の保育者が少子化，過疎化の影響を受けながら保育者として
成長してきたプロセスを示した。本章では，（1）影響ⅰ～ⅳで示した言語
データ（Table 7, 8, 9, 10）をもとに，保育者の成長プロセスにおける少子
化，過疎化による影響を分類する。次に，（2）その影響を保育者が解決した
方策について考察し，最終的に，（3）その考察をもとに今後の小規模地方自
治体における保育者の現職教育に対する新たな視座について示唆を行おうと考
えた。

第1項 少子化，過疎化が与えた影響とは

　まず，B11やB22のように，少子化，過疎化が与える影響による事象は問題
を生じさせるだけでなく，子どもたちや保育者，組織にとって良い効果も存在

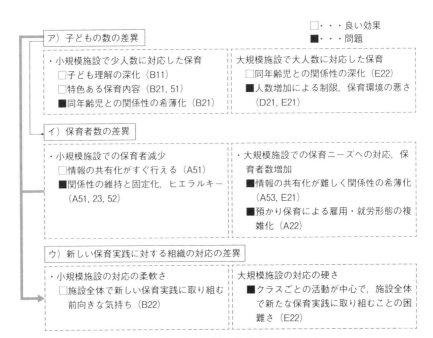

Figure 6　少子化，過疎化が与えた影響の関連図

する。そこで，それらの影響を問題（■）と良い効果（□）に分類した
（Figure 6）。

　次に，A51や A52で示したように，少子化，過疎化による影響は，大規模施
設にいるときにだけ受けるものではない。小規模施設でも，その影響を受ける
ことが示された。そこで，影響 i ～ivで示した保育者アイデンティティの形成
に問題や良い効果を与えた影響を，小規模施設で現れた事象と，大規模施設で
現れた事象の 2 つに分けた。

　最後に，影響 i ではア）子どもの数の差異が保育者の不安や期待の感情を生
起させていることが示された。また，影響 ii では，ア）子どもの数の差異に
伴ってイ）保育者の数にも差異が生じ，それによって保育者が情報を共有化す
る際の問題や良い効果を生む要因となっていることが示された。そして，影響
iii では，小規模施設では，子どもの数と保育者数が少ないために，新しい保育
実践に柔軟に対応できることが示された。さらに，影響ivでは，大規模施設で
はどちらの数も多いために，新しい保育実践に取り組む際に困難が生じること
を，保育者が事前に予想している。ゆえに，新しい保育実践に柔軟に対応でき
ないことが示され，ア）とイ）が複合的な要因となってウ）新しい保育実践に
対する組織の対応の差異が生じることが示された。そこで，ア）～ウ）の 3 つ
の差異の相互の関係性を矢印で示し，問題と良い効果を分類して Figure 6を
作成した。

第 2 項　実践コミュニティの有効性とその再構成

　本節では，Figure 6に示した 3 つの差異によって生み出された問題を，A 町
の保育者はどのようにして解決していったのか，その方略について考察を行う。
保育者は，それぞれのパラダイムで生じた問題に対して，影響 i では，同年代
や一緒に働いたことのある気の合う保育者同士で情報収集することで，不安の
感情を抑制し，受容する気持ちへと転換させている（Figure 2参照，矢印
D42）。影響 ii でも，勤務する保育施設外の保育者に悩みを聞いてもらったり，
助言を受けたり，後押しを受けたりして葛藤を乗り越えようとしている
（Figure 2，矢印 A11，A12）。また，影響ivでも同じように，あきらめたこと
による失望感や不満を勤務する保育施設外の保育者に相談しており，継続して

挑戦する際にも施設外の保育者から後押しを受けていたこと（Figure 2，矢印E31，E41）が示された。以上の言語データから，保育者には同じ保育施設の保育者だけでなく，他の施設に働く気の合う保育者達との間に相互作用が存在し，その相互作用によって問題から生じた不安などの心の揺らぎを和らげたり，葛藤を乗り越えたりしたりしていることが示された。このように，保育研究会などの公的な組織とは違い，「共通の専門スキルや，ある事業へのコミットメント（熱意や献身）によって非公式に結びついた人々の集まり」は実践コミュニティと呼ばれ，職業的アイデンティティ形成に影響を与えることが示されてきた（Wenger，1998）。そこで，A町の保育者アイデンティティの形成に影響を与える，非公式で個人的なつながりによる保育者たちの集まりを「保育実践コミュニティ」と示した。

　この保育実践コミュニティは，保育施設や保育研究会[2]といった公的な組織とは違い，〈同年齢の気の合う保育者〉だけでなく，〈信頼できる先輩・後輩〉，A町の〈保育研究会で一緒に研究を行う保育者〉によって構成されている。とくに，〈信頼できる先輩・後輩〉の保育者に関しては，B41，B43では，異動によって新しい保育施設に移った際に出会い，互いが違う保育施設に異動してからも，その付き合いが継続していることが示されている。つまり，異動サイクルによって一定の期間ごとに新たな構成員が加わり，実践サイクルなどの各パラダイムにおいて，不安や葛藤を解消するために相互作用を繰り返すことで関係性が強化され，《保育実践コミュニティの再構築》（Figure 2，右脇）が促されていると考えられるのである。不安や葛藤のような心を揺るがす体験を乗り越えることは，保育者アイデンティティの形成に強い関連性がある（足立，2009，2010）ことから，A町の保育者の保育者アイデンティティの形成における保育実践コミュニティの重要性が理解できる。

【注】
1）　保育者に確認するとともに，A町の保育者の人事権を持つ教育長にも人事の基準として勤務年数と年長児を卒園させるなどの区切りを重視していることを確認した。
2）　A町では，保育者が主催する保育研究会という組織が存在し，年3回保育者全員を対象とした研修会，また近年では自由参加の勉強会が月1回実施されている。

第3章　保育者の転機

第1節　保育者の転機と成長

第1項　保育者の成長における転機の重要性

　多様で複雑な人間の発達理解について，杉浦（2004）は，個別性，一回性を持つ個人の心の変容のプロセスを明らかにするためには，その人にしか起こらなかった出来事である転機を明らかにする有効であることを示した。また，ブラマー（Brammer, 1990/1994）も，転機を明らかにすることで，「実際に変化を経験した時に起こる現象を説明するための思考体系を得る」と述べ，転機の語りから，その一連の出来事においてその人が抱いた思考や認識，その体系が理解できることを示し，その人の心の多様な変容を読み取る可能性を示唆した。

　しかしながら，これまで保育者の転機についての研究は岩崎（2004）らの保育者のライフヒストリー研究の中で，保育者のライフヒストリーの一部の出来事として扱われているのみであった。そのため，転機の要因やその結果は示されているものの，その転機に関する一連の経験と出来事のプロセスは捨象されてきた。

　そこで，本研究では，急激で多様な変化が生じる現代社会において，保育者がどのように成長してきたのか，その成長の多様なプロセスを明らかにするために，保育者の転機の体験に着目する。

第2項　転機の定義

　転機については，ホプソンとアダムス（Adams et al., 1976）が，体験した

ことのない出来事によって，不安定で危機的な状況に適応することが求められる時期を，「転機（transition）」と定義した。それに対して，杉浦（2004）は，危機経験の有無にかかわらず「人は，自分や他者に対する見方を大きく転換させ，時には世界を全く異なった視点から見ることができるようになること」を転機（Turning Point）と定義した。岩崎（2004）らの先行研究においても，自らの出産体験が転機として示されていることからも，保育者の転機が危機的な状況だけで生じるものではないことが理解できる。そこで，本研究では，杉浦が示した転機（Turning Point）の定義を用いる。

第3項　転機における自己形成プロセス

さらに，杉浦（2004）は，「転機の経験を通して，古い自己を脱ぎ捨てて新しい自己を作り上げる」と述べて，転機において保育者に生じた一連の経験や出来事のプロセスを明らかにすることで，自己変容や自己形成[1]のプロセスを明らかにすることができる可能性を示唆した。そこで，本研究では，保育者が自らの転機として示した一連の経験と出来事において，保育者の自己の変容やその形成についての語りに焦点を当て，転機における保育者の自己形成プロセスを明らかにしようと考えた。

第2節　ライフライン・インタビュー・メソッドとSCATの手続き

第1項　インタビューの方法

(1) ライフライン・インタビュー・メソッドの尺度

転機の先行研究では，ブラマー（邦訳1994）は転機のプロセスを分析する際に，インタビューイーに対して転機についての自覚を促し，視覚的にわかるような手立ての必要性を示した。そこで，本研究では，Figure 7のように縦軸を「気分・自尊感情」，横軸を時間の流れとした図を，インタビューイーに作成してもらい，その図を視覚的な刺激材料[2]として半構造化インタビューを行った。

このように横軸を時間の流れとし，縦軸に自尊感情などを記入して，その図を用いたインタビュー方法を「ライフライン・インタビュー・メソッド（Lifeline Interview Method：LIM）」と呼び，時間の経過が伴うインタビューイー

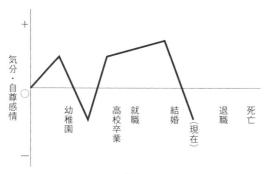

Figure 7　ライフラインの実例（ブラマー，邦訳1994より）

の心情の変化を捉えるのに有効である（Schroots, 1989）。LIM に関しては，横軸は人生のある時点から，ある時点までの時間経過（年齢）を表すが，縦軸に関しては研究目的に応じて，創造的な自己認知の評価や，満足感などの変化を表す。また，縦軸に関しては，先行研究のほとんどで，中心を 0 基準として，その変化が示されている。

　本研究では，分析視点として転機における保育者の自己の変容やその形成についての語りに焦点を当て，自己形成のプロセスを明らかにすることを示した。そこで，本研究では，保育者アイデンティティや保育者としての熟達度と相関性が高いと示された「保育者効力感」について主観的に評定した値を縦軸の尺度とした。そして，保育者になってから現在に至るまでの時間の流れを横軸として，図を作成し，それを刺激材料として転機について半構造化インタビューを行った。

(2) インタビューの手続き

　手続きは以下のとおりである。まず，（1）保育者効力感について，三木・桜井（1998）が示した保育者効力感の定義である「保育場面において子どもの発達に望ましい変化をもたらすことができるであろう保育的行為をとることができる信念」を示し，さらに三木・桜井（1998）の保育者効力感の尺度質問項目（Table 11）を示し，保育者効力感の具体的な事項を示した。次に，（2）保育者効力感を主観的に評定した値とその変動を線で記し，ライフラインを作成した。最後に，（3）できあがったライフラインをともに見ながら，自らの転機の時期をライフライン上に示してもらい，その内容について半構造化イン

Table 11　保育者効力感尺度質問項目（三木・桜井，1998）

（1）	私は，子どもにわかりやすく指導することができると思う
（2）	私は，子どもの能力に応じた課題を出すことができると思う
（3）	*私が一生懸命努力しても，登園をいやがる子どもをなくすことはできないと思う
（4）	保育プログラムが急に変更された場合でも，私はそれにうまく対処できると思う
（5）	*私は保育者として，クラスのほとんどの子どもが理解できるように働きかけることは無理であると思う
（6）	私は，クラスの子ども1人1人の性格を理解できると思う
（7）	*私が，やる気のない子どもにやる気を起こさせることは，むずかしいと思う
（8）	私は，どの年齢の担任になっても，うまくやっていけると思う
（9）	私のクラスにいじめがあったとしても，うまく対処できると思う
（10）	私は，保護者に信頼を得ることができると思う
（11）	私は，子どもの状態が不安定な時にも，適切な対応ができると思う
（12）	私は，クラス全員に目を向け，集団への配慮も十分できると思う
（13）	私は，1人1人の子どもに適切な遊びの指導や援助を行えると思う
（14）	*私は，園で子どもに基本的生活習慣を身につけさせることがはなかなか難しいと思う
（15）	私は，子どもの活動を考慮し，適切な保育環境（人的，物的）に整えることに十分努力ができると思う

※印は反転項目であることを示す。

Table 12　質問項目

（1）	勤めていた保育所の保育内容の特色
（2）	影響を受けた同僚の保育者や上司の存在
（3）	園内・外の研修会・研究会の影響
（4）	地域の特性や保護者との関係
（5）	幼児教育，保育界の動向（幼稚園教育要領の改訂）
（6）	少子化，過疎化の影響
（7）	職務上の役割の変化
（8）	結婚や出産など家庭生活の変化

Table 13　研究協力者・面接時間・職位一覧

	A	B	C	D	E	F
経験年数	39	37	33	39	40	35
面接時間	1h08m	1h01m	1h12m	1h25m	53m	58m
面接回数	2	2	2	2	1	1
職位	所長	副所長	副所長	所長	所長	副所長

タビューを実施した。なお，補足としてTable 12に示した質問項目に従いつつ，半構造化インタビューを行った。

　なお，Table 12の質問項目については，山崎（1988）らの教師の専門性育成
に関するライフヒストリー研究において，転機の要因として示された13項目を
参考に作成したものである。なお，この質問項目の作成に当たっては，研究協
力者以外の保育者歴30年以上の保育者 2 名にスーパーバイズを受けた。

(3) 対象と期間，回数

　インタビューは，平成23年10月から平成24年 3 月まで週 1 回程度で実施した。
保育者 1 人当たりのインタビューは 1 人 1 時間程度で，雪だるま式サンプリン
グを用いた。理論的飽和が確認されるまで実施し，結果的に 6 名にインタ
ビューを実施した（Table 13）。また，他に経験年数20年以上の保育者 1 名と
カンファレンスを行い，理論的飽和を再確認した。

第 2 項　分析方法

(1) 語りとしての転機

　分析にあたって，杉浦（2001）が，転機についての語りは過去に起きた転機
の出来事をありのまま正確に報告しているわけではなく，「転機とされたきっ
かけからいくつかのプロセスを経て今に至ったという一連の出来事を今ここで
再構成して語る『転機の物語の生成』なのである」と述べている。そして，こ
の転機の語りが，「これまでの経験において自分が変わった時間的なプロセス
と理由（因果関係）を統一的に説明しようとする試み」であると述べ，転機に
ついての語りから，自己の変容のプロセスを明らかにできる可能性を示した。
さらに，その人にしか起こらない転機における変容のプロセスにも，何らかの
共通した理論が存在し，それを明らかにできる可能性を示している。

(2) SCAT による分析

　分析にあたっては，保育者の転機についての語りから自己形成の時間的なプ
ロセスと因果関係を明らかにし，さらに，そこから共通性を見出そうと考えた。
そこで，大谷（2008）が開発した比較的小規模の質的データに有効であり，明
示的な手続きで，言語データから構成概念を紡ぎだしてストーリーラインを記
述し，そこから理論（理論記述）を導き出すのに有効な研究技法である
SCAT（Steps for Coding Theorization）を用いた。なお，SCAT 分析の結果
（ストーリーラインと理論記述）は研究協力者 6 名に提示し，フォローアッ

プ・インタビューによって補足を行った。

第3節　転機における6つの段階

　サンプリングの結果，6名の研究協力者から転機についての語りを28事例収集し，それらを SCAT で分析した。以下，その結果と考察である。

第1項　保育者効力感の変動と自己形成プロセス

　分析では，転機として示した一連の経験や出来事において，保育者が自己形成していったプロセスを明らかにしようと考えた。そこで，SCAT で得られたストーリーラインについて，本研究の分析視点として示した自己形成プロセスに着目して分析を行った。その結果，保育者自身が，段階的に自己が変容していることを自ら認識していることが明らかとなった。そこで，転機における保育者の自己の変容に着目して分析を行ったところ，6段階に分割することができた（Table 14）。ここでは，後述する転機の3つの要因カテゴリー全てに該当し，保育研究会の会長として Z 町の保育者をリードしてきた保育者 A のライフラインを Figure 8に，転機ごとのストーリーラインを Table 15〜19に

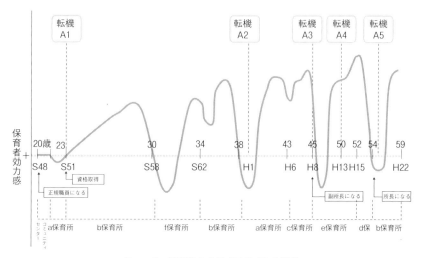

Figure 8　保育者 A のライフラインと転機

Table 14　保育者 A 〜 F の転機における自己形成プロセス

ⅰ期	新たな自己による問題の認識
ⅱ期	省察の生起と深まり
ⅲ期	理想モデルの構想
ⅳ期	理想モデルを実現するまでの困難
ⅴ期	困難を乗り越え問題解決
ⅵ期	変容の志向性の強まり

Table 15　転機 A 1 のストーリーライン

	転機　A 1
ⅰ期	短大卒業後，保育士資格がないまま，公立保育所に勤務することになった。はじめは，<u>かわいい子どもたち</u>と一緒にいる楽しさを感じているだけであった。しだいに，保育士としては，ただ単に子どもがかわいいというだけでは駄目であると感じ，<u>子どもへの思いの変化</u>が生じ，保育実践の難しさを感じ始めた。
ⅱ期	保育実践を続ける中，<u>自分の未熟さの実感</u>をさらに増加させた保育者 A は，しだいに保育に関する<u>専門的な知識や技術の不足感</u>を強めた。そして，子どものために保育に関する<u>専門的な知識や技術への欲求</u>を感じるようになった。
ⅲ期	保育者 A は，<u>保育士資格の必要性</u>を感じ，通信教育を受講し，保育関係の本を読み，<u>専門的な知識や技術を勉強</u>して，<u>保育士資格取得の実現</u>を目指した。
ⅳ期	保育士資格取得のために，勉強を始めた保育者 A であったが，働きながら勉強することはとても難しく，保育の<u>勉強を続けることの困難さ</u>を感じる日々であった。このような<u>困惑の中の実践</u>を重ねていった。
ⅴ期	保育者 A は，<u>他の保育者からの協力</u>を得て，資格取得に向けた勉強を行い，そこで得た知識や技術を，日常の保育実践で実践する中で，しだいに<u>実践の中での専門性の習得感</u>を得るとともに，保育士資格取得の実現を果たし，<u>待望の保育士</u>となった。
ⅵ期	晴れて保育士となった保育者 A は，日々の保育の中で<u>保育士としての使命感</u>を強め，同僚とともに実践を積み重ねようと意欲を高めた。そして，身に付けた<u>専門的な知識と技術</u>を用いるだけでなく，新たに異動した保育所で，さらにある同僚から<u>知識吸収する意欲的姿勢</u>を継続させた。

Table 16　転機 A 2 のストーリーライン

	転機　A 2
ⅰ期	社会において<u>子ども中心主義への時流</u>が強まり，B 町でも新たな<u>子ども中心主義的な「自由保育」</u>の導入が始まった。保育者 A は他の保育者達と共に保育研究会を通して，<u>新たなB 町の保育観</u>を培い，共有しようとしていたが，役所の論功行賞による<u>人事</u>によって所長が毎年交代する<u>異業種出身の所長の困難さ</u>，個性ある所長によって，<u>現場とトップの乖離</u>が生じ，保育者自身が B 町の保育観を培うことの<u>持続可能性の危機</u>を感じた。

ii 期	子どもが主体的に遊びを展開する「自由保育」の取り組みを実践していく中, 保育者主導的な保育観を持つ所長による危機を脱するためには, 所長の考えの修正を行うだけでなく, 保育者自身がこれまでの保育者主導的な既存の保育観を打破し, 常に新しい保育実践の提示を行ってしていく必要性を感じるようになった。
iii 期	保育者が子ども中心主義の理論の学習をし, 実践への適用を増やすことで子ども中心主義的思考を身につけて, 保育者の一致団結を生み, 所長に対して, 保育者自らが培い, 共有した新たな保育観の提示を行うことで, 所長への受容要求を行える保育者の理想モデルを目指した。
iv 期	理想モデルの実現に向けて, 保育者 A は新しい保育観への向学心を高め, 理論の学習だけでなく, 他の保育所の実践からの学びを得て, 実践への適用を行った。しかし, 自由と放任の判別の難しさ, 加齢による適応力の違いなどの困難さから, 子ども中心主義への抵抗感を感じるようになった。
v 期	保育者 A は, 困難さを感じながらも, 子どもへの効果の期待感を抱くようになり, さらに実践への適用を推し進めた。そして, 新しい保育に向かう保育者の一体感から, 自らも子ども中心主義的思考の受容を果たした。そして, 共通理解の場としての保育研究会において保育者の一致団結を強め, 新たな保育観の提示を行うことで所長の受容的態度を引き出した。
vi 期	保育者 A は, 他の保育者とともにこれからも異業種出身の所長の保育観に左右されず, 保育者自身が子ども中心主義的思考の維持を行い, H 町の保育観を培い, 共有していく決意の強化をした。そして, 子ども中心主義思考によって, 同僚とさらなる保育観の提示と継続を行っていった。

Table 17　転機 A 3のストーリーライン

	転機　A 3
i 期	当時, B 町において子ども中心主義による自由保育の浸透化 (B 町では異年齢保育と呼ばれる) が進められていた。異業種出身で保育者主導の意識が強い所長の存在と, しだいに子ども中心主義的思考が強まる保育者達の狭間で, 副所長として, 保育者をまとめていくことへの不安, 事務的な仕事への不安など多様で先立つ不安を感じた。
ii 期	少子化が進む中, 子ども中心主義的思考による新たな保育観の志向性を持ち, 子ども理解の深化を目指し, 新たな保育実践を志向する保育者達の意見をまとめ, 既存の保育実践の継続, 保育者主導の保育実践の継続を望む所長と交渉する, ネゴシエーター的役割を自分が担う必要性を感じた。
iii 期	保育者達の意見をまとめ, より一層の保育者の一致団結を得て, 共同体の形成を促す能力を身に付け, 所長と交渉を行い, 所長が持つ保育者主導的思考による固定観念の打破を行い, 所長の受容を得ることのできる副所長像を目指した。
iv 期	所長の受容を得て, 子ども中心主義的思考による保育観に基づいた新たな保育実践の実現に向けて, 保育者達は, 特別支援児の増大する中, 自らの固定観念打破の困難を感じつつも, 固定観念化した保育内容ではなく, 園庭環境の特徴把握し, ともに所長の受容が得られるような保育内容の試行錯誤を行っていった。

v 期	しだいに，試行錯誤する楽しさを知った保育者達は，思いの高まりを感じ，新しい保育実践を通して子どもの反応の良さに気付き，保育者Aは保護者の同意，大学教員のサポートを得て，保育者が感じ取った実践での子ども理解を取りまとめ，所長に逐次伝えることで，最終的には所長の受容を得て，新たな保育実践の実現を得た。
vi 期	試行錯誤によって，保育者達の創造的思考の活性化が促され，子ども中心主義的思考による保育観に対する保育者集団の思いの高まりが保育者達に広がっていった。保護者からの良い良評価もあり，新しい保育実践の継続が促され，日常の保育実践においても保育者達の子ども中心主義的思考の精錬化が進められた。

Table 18　転機A4のストーリーライン

	転機　A4
i 期	B町では子ども中心主義への移行が進み，異年齢保育が隆盛していたが，子ども中心主義による自由保育が，小1問題の原因であると社会的な批判を受けた。B町では幼児教育センターが設立され，異年齢保育がセンター長に批判された。センター長によって保育実践への批判的管理の実施が行われ，保育者主導型の保育への回帰が促され，その批判によってこれまでやってきた異年齢保育への自信の揺らぎが生じ始めた。
ii 期	社会的な批判があっても，保育界では子ども中心主義が進められている時流への理解もあったが，B町でも小1問題が起きている事実を知り，異年齢保育への自信の揺らぎを強めた。しかし，実際に子どもの反応が良かったため，自分達がしている異年齢保育の良さの広報を行い，センター長，社会の理解の獲得の重要性を感じるようになった。
iii 期	そこで，保育者Aは異年齢保育の良さを，子どもの反応，成長する姿を研究成果として示すことで，広報し，異年齢保育への理解を得ようと考え，異年齢保育の研究推進の保育者像を目指した。
iv 期	センター長による異年齢保育への批判的管理がさらに推し進められ，一斉活動による保育者主導型の保育への回帰が促され，保育者主導的思考の強化がはかられた。次第に保育者Aはトップダウンへの反感からセンター長への不信感を強め，状況の厳しさの認識を強めた。
v 期	そのような状況においても，保育者Aは，B町の保育研究会に所属し，他の保育者達のバックアップを受けながら，大学教員のサポートを受けつつ，実践と研究を通して，子どもの反応の良さや子どもの育ちの実感を得ることで，異年齢保育の確信を得て，揺らぎの鎮静化を得た。
vi 期	異年齢保育の確信を得た保育者Aは，その研究成果をセンター長に示すものの，センター長の批判的姿勢は変わらなかったが，保護者の信頼を得ることで，より確信を強めた保育者Aは，研究会の保育者や同僚とともに異年齢保育を継続する意思を示し，それからも意欲的に研究と実践に取り組んでいった。

Table 19　転機 A 5 のストーリーライン

	転機　A 5
i 期	職員会議や研究会などで，後輩保育者の意見を聞く前に，所長である自分よりも，先輩保育者としての自分が前に出て，後輩についつい思いを言ってしまうことで，結果的なトップダウンになってしまう現実を見て，しだいにトップダウンへの負の感情を抱き始める。
ii 期	後輩の保育者の意見をよく聞き，後輩の意見を尊重する所長になりたいというこれまでの所長理想モデルを抱きながらも，後輩保育者に伝えたい思いがあり，ついつい発言してしまう。
iii 期	保育者 A は地域社会との関係性構築において，これまで地域社会を保護者中心に捉えていた（保護者志向性）のに対して，所長になって地域住民中心に捉えること（地域社会志向性）が可能となり，新たな役割や視点で保育において地域交流に携わった経験を述べた。保育者とは違う視点，新たな役割を担うことのできる所長モデルを構想した。
iv 期	保育実践の内容的吟味は，保育者が中心となって行うが，所長の新たな役割において，事務的手続きへの不安，保育実践の方向性決定の重圧だけでなく，子育て支援によるシフトの複雑化による保育者の負担感への配慮など，これまで未経験の出来事へのとまどいを感じた。
v 期	所長である自分は地域と交流するという方向性決定だけを示し，実際の交流内容については保育者が中心となって内容的吟味を行うことで，保育者達が積極的に取り組む姿を生み出した。所長は交流活動の事前事後の情報管理，管理者を通した情報提供を行うことで，保育実践を成功させ，役割分担の成功体験を得た。
vi 期	この成功体験以降，地域交流に関する保育実践だけではなく，日常の保育においても所長として，大まかな方向性決定，事前事後の情報管理，管理者を通した情報管理によって，保育者達の信頼を得て，さまざまな地域交流を展開し結果的なトップダウンの減少，結果的トップダウンへの反省の減少につながっていった。

示す。なお，構成概念については＿で示した。

　SCAT の手続きに従って，6 段階に分割したストーリーラインを，段階ごとに理論記述を導き出した。i 〜 vi 期の理論記述と理論を図式したものをFigure 9，10に示す。

第 2 項　転機の要因カテゴリー

(1) 要因の内容

　転機の要因については，i 期に示したストーリーライン（Table 15）をもとに，社会的な状況の変化を抽出し，保育経験15年以上の保育者 1 名とともにその意味内容ごとに KJ 法を用いてまとめて，分類した。

　各カテゴリーの意味内容については，保育者の転機が採用や資格取得，昇進

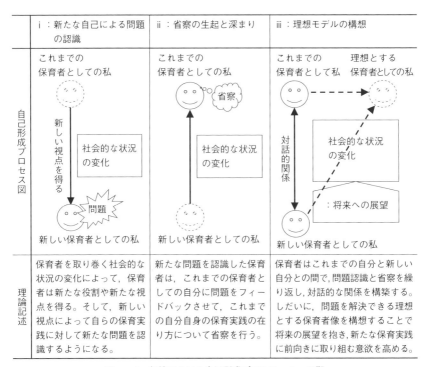

	ⅰ：新たな自己による問題の認識	ⅱ：省察の生起と深まり	ⅲ：理想モデルの構想
自己形成プロセス図	これまでの保育者としての私　新しい視点を得る　社会的な状況の変化　問題　新しい保育者としての私	これまでの保育者としての私　省察　社会的な状況の変化　新しい保育者としての私	これまでの保育者として私　理想とする保育者としての私　対話的関係　社会的な状況の変化　：将来への展望　新しい保育者としての私
理論記述	保育者を取り巻く社会的な状況の変化によって，保育者は新たな役割や新たな視点を得る。そして，新しい視点によって自らの保育実践に対して新たな問題を認識するようになる。	新たな問題を認識した保育者は，これまでの保育者としての自分に問題をフィードバックさせて，これまでの自分自身の保育実践の在り方について省察を行う。	保育者はこれまでの自分と新しい自分との間で，問題認識と省察を繰り返し，対話的な関係を構築する。しだいに，問題を解決できる理想とする保育者像を構想することで将来の展望を抱き，新たな保育実践に前向きに取り組む意欲を高める。

Figure 9　転機における自己形成プロセス　ⅰ～ⅲ期

などの個人的に起きた出来事に要因があるものを【個人的要因】とした。次に，社会の教育思潮の動向や自由保育への批判の高まりなど，社会的な出来事による影響が要因となるものを【社会的要因】とした。最後に，保育者自身が所属する保育所の同僚との関係性，管理職との関係性，H町の保育研究会などのコミュニティにおける変化が要因となるものを【コミュニティ的要因】と示した。なお，28事例の転機の概略と，各事例の要因カテゴリー，意味内容による分類ついては，Table 20に示した。

(2) 転機に影響を与えた社会的な状況の変化

　【社会的要因】で示したように，転機の要因となった社会的な状況の変化は「e．子ども中心主義的な教育思潮の強まり」と「f．自由保育への批判の高まり」の2つのみであった。しかし，Table 15～19のストーリーラインにおいて，社会状況の急激な変化がⅰ期の転機の要因に影響を与えるだけでなく，その後

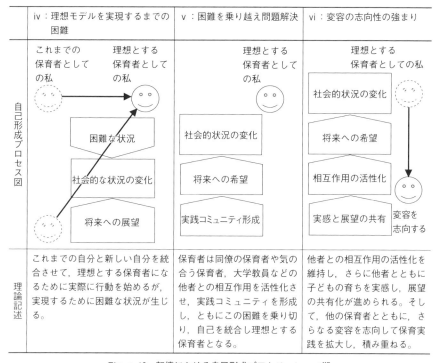

	iv：理想モデルを実現するまでの困難	v：困難を乗り越え問題解決	vi：変容の志向性の強まり
自己形成プロセス図	これまでの保育者としての私 → 理想とする保育者としての私　困難な状況　社会的な状況の変化　将来への展望	理想とする保育者としての私　社会的状況の変化　将来への希望　実践コミュニティ形成	理想とする保育者としての私　社会的状況の変化　将来への希望　相互作用の活性化　実感と展望の共有　変容を志向する
理論記述	これまでの自分と新しい自分を統合させて，理想とする保育者になるために実際に行動を始めるが，実現するために困難な状況が生じる。	保育者は同僚の保育者や気の合う保育者，大学教員などの他者との相互作用を活性化させ，実践コミュニティを形成し，ともにこの困難を乗り切り，自己を統合し理想とする保育者となる。	他者との相互作用の活性化を維持し，さらに他者とともに子どもの育ちを実感し，展望の共有化が進められる。そして，他の保育者とともに，さらなる変容を志向して保育実践を拡大し，積み重ねる。

Figure 10　転機における自己形成プロセス　iv〜vi期

Table 20　転機の要因カテゴリー

カテゴリー名	要因の内容	転機 No.
【個人的要因】	a．保育士として正規採用	C 1
	b．保育士資格の取得	A 1
	c．副所長，所長への昇進	A 3，A 5，B 6，C 4，D 3，D 4，E 3，E 4，F 4
	d．異動による保育環境の変化	B 3，C 2
【社会的要因】	e．子ども中心主義的な教育思潮	B 4，D 2，E 1，F 1
	f．遊び中心の保育への批判	A 4，D 4
【コミュニティ的要因】	g．気の合う（気の合わない）保育者との出会い	A 2，B 2，B 5，C 3，D 1，E 2
	h．大学教員，地域とのつながり	B 1，F 2
	i．研究への取り組み	F 3

Table 21 保育者 A の転機の概略と要因カテゴリー

No.	転機の概略	転機要因カテゴリー
A 1	・子どもの数の急増の為，保育士（保母）として働くこととなる。保育士（保母）資格の取得を目指すことで，そのために保育実践をしながら，保育に関する専門的な知識や技能を学んだ経験が転機となった。	個人的転機 b. 保育者の取得
A 2	・異業種出身で自分なりの教育信念を持っている所長に対して，保育者達が培ってきた H 町の子ども中心主義的な保育観を提示することが転機となった。	コミュニティ的転機 g. 気の合わない保育者との出会い
A 3	・異年齢保育が進められ，特別な支援を必要とする子どもが多くなる実感を得る中，副所長として，保育者が出したアイディアをもとに，保育実践を実現しようと，保育者の意見をまとめて，所長と交渉したことが転機となった。	個人的転機 c. 副所長への昇進
A 4	・遊びを中心にした異年齢保育が，小1問題の原因として批判され，H 町でも保育所を統括する部署として幼児教育センターが設立された。センター長の異年齢保育に対する批判に対し，研究を行い，その成果をセンター長に示した経験が転機となった。	社会的転機 f. 遊び中心の保育への批判
A 5	・所長の一言がトップダウンになってしまうために，後輩保育者に言いたいことが言えない状況になったが，地域交流という方向性を示し，子育て支援によるシフトの複雑化する保育者に配慮しつつ，地域と交渉する役割を担った経験が転機となった。	個人的転機 c. 所長への昇進

の ii 期からvi期（Table 15〜19）においても影響を与えていることが示された。そこで，H 町の保育者が，どの時期に，どのような社会的な状況の変化に影響を受けたのか，研究協力者 1 名のデータをもとに各段階から社会的な状況の変化を抽出し，保育経験15年以上の保育者 1 名とともにその意味内容ごとに KJ 法を用いてまとめ，分類し，年代ごとに Table 27 にまとめた。

第 4 節 「問題認識─省察─将来の展望」の連続性

　本研究では，保育者が自らの転機が自己 A から自己 B に瞬間的に切り替わるような点ではなく，段階的に自己が変容していくプロセス（自己形成プロセス）として認識していることを明らかにした（Figure 9，10）。そして，ベビーブームや少子化など各年代において生じた社会的な状況（Table 27）の変化が，転機の要因（Table 20）としてだけでなく，保育者の自己形成プロセスに対し

Table 22　保育者Bの転機の概略と要因カテゴリー

No.	転機の概略	転機要因カテゴリー
B1	・大学の教員の講演を聞き，子どもに対する理解が深まった経験が転機となった。	コミュニティ的転機 h. 大学教員とのつながり
B2	・同じ学年を持つ気の合う先輩保育者と出会い，その先輩の真似をしたり，二人で話し合ったりしながら，大人数のクラスをまとめていった経験が転機となった。	コミュニティ的転機 g. 気の合う保育者との出会い
B3	・異動した先の保育所の自然環境が豊かであったために，自然にかかわった遊びなど自分で考えた保育実践が実践可能であった。この日々積み重ねていった経験が転機となった。	個人的転機 d. 異動による保育環境の変化
B4	・遊び中心主義的な保育が広がってきたが，なかなかその良さを理解できない自分にいらだちを感じていたが，日々保育をしていく中で子どもの育ちを感じ始めた経験が転機となった。	社会的転機 e. 子ども中心主義的な教育思潮
B5	・互いに気が合ったせいか，まとまりの良い保育者達の中で，情報交換をしながら少人数で，異年齢の保育実践を積み重ねた経験が転機になった。	コミュニティ的転機 g. 気の合う保育者との出会い
B6	・副所長になって，クラス担任から離れ，子どもや保育者を見る視点が変わってきたこと実感し始めた。事務仕事で追われる中，忙しく日々の生活を送った経験が転機となった。	個人的転機 c. 副所長への昇進

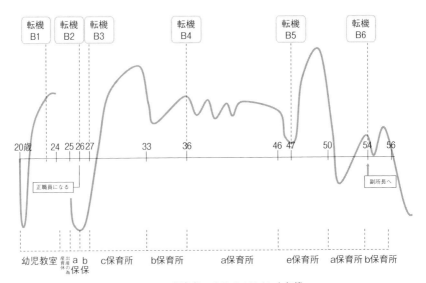

Figure 11　保育者Bのライフラインと転機

Table 23   保育者 C の転機の概略と要因カテゴリー

No.	転機の概略	転機要因カテゴリー
C 1	・<u>正規職員に採用された</u>ことで，子どもの育ちに責任を改めて感じ，保育者としての自覚を得た経験が転機となった。	個人的転機 a. 保育士として正規採用
C 2	・自然環境が豊かで，地域とのつながりが強い保育所に異動したことで，<u>少人数で異自然を活用した異年齢の保育実践</u>を進めていった経験が転機となった。	個人的転機 d. 異動による保育環境の変化
C 3	・気の合わない保育者と出会い，<u>異年齢保育への批判を受け</u>，なかなかコミュニケーションが取れない状況に陥った経験が転機となった。	コミュニティ的転機 g. 気の合わない保育者との出会い
C 4	・<u>副所長として赴任して，これまで子どもを見ていた目が，保育者と保護者に移っていく経験の中で，子育て支援などの事務作業に追われながらも保育のことを考えていった日々</u>の経験が転機となった。	個人的転機 c. 副所長への昇進

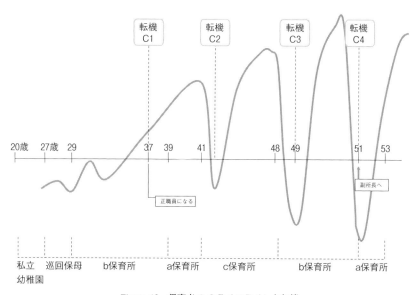

Figure 12   保育者 C のライフラインと転機

Table 24　保育者Dの転機の概略と要因カテゴリー

No.	転機の概略	転機要因カテゴリー
D1	・気の合う同僚の保育者と出会い，日々の保育をその保育者とともに考え，子どもの成長を実感することで，<u>大人数ではあったが</u>楽しみながらしだいに自らの保育観を培っていったことが転機となった。	コミュニティ的転機 g. 気の合う保育者との出会い
D2	・社会において<u>子ども中心主義的な教育思潮がしだいに強まってきた</u>ことを感じ取り始めた。遊びを中心とした保育への志向性を強めた経験が転機となった。	社会的転機 e. 子ども中心主義的な教育思潮
D3	・<u>副所長になり，事務的な仕事に追われる</u>中で，保育者と所長との間に立って意見の調整や，保育者同士の間に入って雰囲気づくりなどの役割を担ったことが転機となった。	個人的転機 c. 副所長への昇進
D4	・<u>遊びを中心にした異年齢保育が，小1問題の原因として批判され</u>，H町でも保育所を統括する部署として幼児教育センターが設立された。センター長の異年齢保育に対する批判に対し，研究を行い，その成果をセンター長に示した経験が転機となった。	社会的転機 f. 遊び中心の保育への批判
D5	・所長になって子どもとのかかわりが少なくなる中で，しだいに保育者たちの様子を第3者的に見えるようになり，<u>特別支援児の受け入れ体制づくり</u>など，しだいに後輩の保育者達の育成や労働環境の改善に力を入れるようになったことが転機となった。	個人的転機 c. 所長への昇進

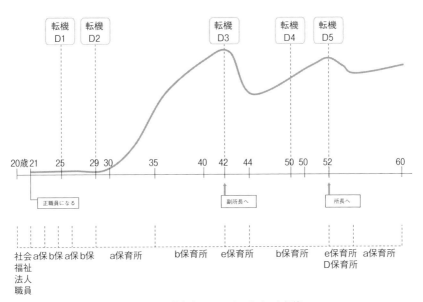

Figure 13　保育者Dのライフラインと転機

Table 25　保育者 E の転機の概略と要因カテゴリー

No.	転機の概略	転機要因カテゴリー
E 1	・子ども中心主義的な保育について上司や研究部会などで情報を聞き始めた時期，これまでクラスでの一斉活動を中心に保育を行ってきた自分に疑問を持ち始めたことが転機となった。	社会的転機 e. 子ども中心主義的な教育思潮
E 2	・気の合う保育者との出会い，その保育者の保育を見て，話を聞くと子ども中心主義の保育への理解が広がっていく実感が得られ，次第に自分の保育を見つめ直していくことになったことが転機となった。	コミュニティ的転機 g. 気の合う保育者との出会い
E 3	・副所長として小規模保育所に赴任したが，同じ年齢の幼児数が少なく，これまでのクラスを中心にした大規模保育所の在り方を根本から見直すことが求められ，他の保育者達と取り組んだ経験が転機となった。	個人的転機 c. 副所長への昇進
E 4	・所長になって，クラスを離れて，先生たちと一緒に勉強したり，研修を受けたりと，保育を捉える視野が広がっていった経験が転機となった。	個人的転機 c. 所長への昇進

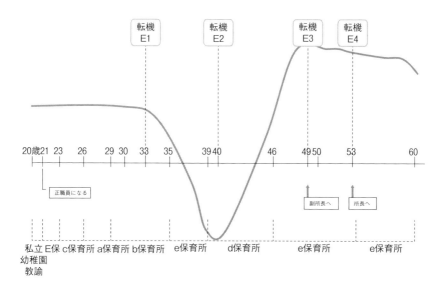

Figure 14　保育者 E のライフラインと転機

Table 26　保育者 F の転機の概略と要因カテゴリー

No.	転機の概略	転機要因カテゴリー
F 1	・子ども中心主義の教育動向が少しずつ耳に入って来た時期，子どもにとって良い保育とはどのようなものか自問自答する日々が続き，ある日子どもから出たアイディアで遊びが広がっていった様子を見て，雷に打たれるような衝撃を得た経験が転機となった。	社会的転機 e.　子ども中心主義的な教育思潮
F 2	・講演で大学教員に出会い，共感する。前の保育所で積み重ねた異年齢で交流する保育実践を高めようと，その大学教員に助言をもとめ，研究室に通い始め，自分の保育に対する考えに理論づけを行った経験が転機となった。	コミュニティ的転機 h.　大学教員とのつながり
F 3	・これまで小規模保育所の少人数の子ども達で培ってきた保育実践を，大規模保育所で実践することで，H 町の保育者全員に自分の実践を広めようと，研究に取り組んだ経験が転機となった。	コミュニティ的転機 i.　研究への取り組み
F 4	・副所長になって，子どもに対してエネルギーを使うのではなく，子育て支援として保護者や保育者の育成などの大人にエネルギーを使うことに葛藤をいだいたことで，副所長の在り方について実践の中で迷ったことが転機となった。	個人的転機 c.　副所長への昇進

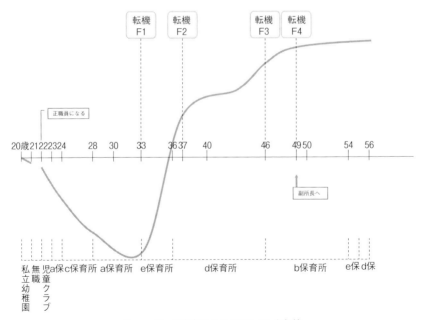

Figure 15　保育者 F のライフラインと転機

Table 27　自己形成プロセスに影響を与えた社会的な状況の変化

年代	社会的な状況の変化
S50年代中ごろ	・第 2 次ベビーブームによる子ども数の急激な増加
H 元年前後	・子ども中心主義的な教育思潮の強まり
H 5 〜 H10年前半	・小規模保育所における少子化の進行
H10年前後	・自由保育への批判
H10年前後	・特別支援な支援が必要な幼児の受け入れ体制の構築
H20年以降	・多様な子育て支援の社会的ニーズの広がり

ても影響を与えたこと（Figure 9, 10）を明示した。そこで，本節では，それらの結果をもとに，転機において，保育者が社会的な状況の変化にどのように適応していったのか，その方略について考察する。

第 1 項　「問題認識―省察―将来の展望」の連続性

　ｖ期に示したように，保育者は理想とする保育者像を構想し，それを実現することで，社会的な状況の変化に適応していったことが示された（Figure 10）。つまり，保育者が急激な社会的な状況の変化に適応するためには，理想とする保育者像を構想し，実現することが重要になるのである。しかし，理想とする保育者像は保育者の頭の中に突然思い浮かぶものではない。本研究では，保育者が自らの転機において，刻々と変化する社会的な状況において，新しい役割としての私の視点を得ることで問題を認識し（ⅰ期），その問題認識をもとにこれまでの保育実践を行う私を省察（ⅱ期）する。そして，この 2 つの立場の私が対話的な関係を築くことによって，理想とする保育者の私を構想し，社会の変化に対応できる将来の展望を生み出す（ⅲ期）という連続性の中で将来の展望を生み出すことを明らかにした。

　キャリア支援において自らの過去や未来について思いを巡らせ，理想や将来の展望を抱くことの効果については，都筑・白井（2007）らが「時間的展望（time perspective）」という概念を用いて説明しており，未来志向性や適応性を高めることが示されている。

　以上の先行研究からも，保育者が自らの転機の語りにおいて示した「問題認識―省察―将来の展望」という連続性が，現代における社会的な状況の急激な変化を乗り越える上で重要であることが理解できる。

第2項　実践コミュニティによる展望の共有化

　さらに，この将来の展望については，iv期において，将来の展望を実行しよ
うとするときに社会の状況からの影響を受けてさまざまな困難な状況が生じる
ことが示された。それに対して，保育者は社会の変化への認識を共にした保育
者と協同したり，連携したりと他者との相互作用を活性化させたことが示され
た（v期）。さらに，vi期では，保育者達がその展望を実現することで，そこ
での子どもの育ちの実感を共感し，将来の展望を共有することで，理想とする
保育をさらに拡大したり，繰り返したりとさらに保育実践をブラッシュアップ
させる姿が示された（vi期）。

　このように，興味・関心を共有した者達が，相互に貢献し合い，共同で活動
に取り組む共同体は実践コミュニティ（Lave & Wenger, 1991）と呼ばれ，職
業的なアイデンティティ形成との関連性が示されている。また，足立ら（2010）
も，現代における急激な社会変化が保育者に新しい役割を求め，保育アイデン
ティティの再構築が促されることを示していることからも，実践コミュニティ
の形成と展望の共有化が，社会的な状況の急激な変化を乗り越える上で重要で
あると考えられるのである。

【注】
1）　溝上（2008）は，自己形成について，「自己形成は自己Aから自己Bへの変化や成長を扱う
ゆるやかな成長思考的な概念である」と述べ，自己形成（Self formation）とは自己を形づくる
（formation）様相に重点を置き，自己のゆるやかな変化と成長のプロセスを捉える概念と示した。
2）　視覚的な素材を用いて，インタビューイーの語りを引き出す研究技法の有効性は，トービン
ら（Tobin et al., 1989）の研究において，動画を刺激素材として語りを引き出す有効性が示され
ている。

第4章 保育者効力感の変化と成長プロセス

第1節 成長プロセスにおける保育者効力感の変動

第1項 保育者の保育者効力感とアイデンティティ形成

(1) 社会的な状況の変化と保育者効力感の変化

　高濱（2000）は，経験年数によって保育者が習熟し，熟達化していく姿を，保育者の幼児へのかかわり方や，幼児同士の関係性形成に対する保育者の意識の在り方を指標として，保育者の熟達化の要因や構造を示し，その成長プロセスを明らかにした。

　本研究では，急激に変化する社会的な状況において保育者が熟達する過程でどのように変容したのか，その変容を捉えるために，何らかの指標を用いる必要があると考えた。西山（2006）は，保育経験の蓄積とともに保育者効力感が高まり，保育経験の豊富な熟達した保育者は十分な見通しと自信を有するようになることを示した。さらに，西山（2008）は熟達度と関連があると示したこの保育者効力感が，保育者アイデンティティとの間に正の相関関係があることを示しており，足立（2009）は，急激に社会的な状況が変化する現代においては，常に保育者が自らの専門性に対する意識を変容させ，自らの保育者アイデンティティを再構築することを求められると示した。すなわち，急激に変化する社会的な状況に身を置く保育者の効力感に着目することで，社会的な状況から影響を受けて，熟達化していく保育者の変容が読み取れると考えられるのである。

　そこで，本研究では，保育者の熟達度（三宅，2005）や保育者アイデンティティ（西山，2006）との関連性が示された保育者効力感を分析の視点とするこ

とで，社会的な状況の変化によって引き起こされたさまざまな周囲の人的環境，外的環境の変化が保育者効力感にどのように作用し，保育者の自己形成に影響を与えたのか，それを明らかにしようと考えた。

第2節　複線径路・等至性モデルの手続き

第1項　インタビューの方法

(1) ライフライン・インタビュー・メソッドについて

　ブラマー（Brammer, 1990/1994）はライフコースを分析する際に，インタビューイーに対して自らのライフコースにおける転機についての自覚を促すことで，自らの成長を視覚的にわかるような手立ての必要性を示した。そして，Figure 7のように，縦軸を「気分・自尊感情」，横軸を時間の流れとした図を，インタビューイーに作成してもらい，その図を視覚的な刺激材料（Tobin, 1989）として半構造化インタビューを行った。このように横軸を時間の流れとし，縦軸を自尊感情や創造的な自己認知（Romaniuk, 1983），人生の浮き沈みを記入して，その図を用いたインタビュー方法を「ライフライン・インタビュー・メソッド（Life-line Interview Method：LIM）」（Schroots, 1989）と呼び，時間の経過が伴うインタビュイーの心情の変化を捉えるのに有効である。LIM に関しては，x 軸は人生のある時点から，ある時点までの時間経過（年齢）を表すが，y 軸に関しては研究目的に応じて，満足感（Clausen, 1998），絶望感，停滞感などの感情などの変化を表す。また，y 軸に関しては，先行研究のほとんどで，中心を0として，その変化が示されている。そこで，先行研究を参考に，縦軸を「保育者効力感」を主観的に評定した値，横軸を保育者になってから現在に至るまでの時間の流れとして，ライフラインを作成し，ライフラインを刺激素材として転機について半構造化インタビューを行った。

(2) LIM の手続き

　手続きは以下のとおりである。(1) 保育者効力感について，西山（2006）が「人間関係」に関する保育者効力感として示した「子どもの社会性（人とかかわる力）の育ちに望ましい変化を与えることができる」という定義と，さらに三木・桜井（1998）の先行研究で示された質問項目を示し，保育者の「個人

的な教授効力感」を保育者効力感として示した。（2）主観的に評定した値と
その変化をライフラインとして線で記した。（3）このライフラインをともに
見ながら，保育者として採用されてからこれまで，保育者が経験した出来事や
それに伴って生起した感情や態度など，成長してきた過程においついて半構造
化インタビューを行った。

第2項　分析方法

(1) 複線径路・等至性モデルについて

　分析にあたっては，ライフラインの値が急激に増えたり，減ったりした時期
の年齢を記述した。また，保育者の語りの中で，自らの成長を所属していた保
育所で行っていた保育実践と関連づけて語られることが多かったために，当時
に所属していた保育所がわかるように，その期間と変遷についてもライフライ
ンの下部に示した。そして，このライフラインをもとにしながら，保育者の言
語データを分析した。

　また，本研究では，社会的な状況を含めて保育者の成長していく具体的様相
を明らかにするために，熟練期の保育者が現在に至るまでの時間的変化と，社
会的・文化的な背景や文脈を捨象せずに保育者の成長プロセスを明らかにしよ
うと考えた。そこで，下記の理由から，複線径路・等至性モデル（Trajectory
Equifinality Model：以下 TEM）を用いることとした。

　TEM とは，ヴァルシナー（Valsiner, J.）が，発達心理学・文化心理学的な
観点に等至性（Equifinaly）概念と複線径路（Trajectory）概念を取り入れよ
うと創案したもので（サトウ，2006），人間の経験を時間的変化と社会的・文
化的な文脈との関係で捉え，その多様な径路を記述するための方法論的枠組み
である。ヴァルシナーは，人間の成長を開放システムとして捉えることで，人
が他者や自分を取り巻く社会的な状況に応じて異なる径路を選択し，多様な径
路（複線径路概念）をたどりながらも，類似した結果にたどりつくという，等
至性概念を用いて，人間の成長のプロセスを記述しようとしたのである。つま
り，TEM を用いることで，人間の思考や行動，態度，感情の時間的な変化と
その多様なプロセスを捉えることが可能なのである（中坪，2010）。

Table 28　TEM の概念の説明

用語	意味
等至点：EFP	多様な経験の経路がいったん収束する地点両極化した等至点（P-EFP）等至点を1つのものとして考えるのではなく，それと対になるような，いわば補集合的な事象も等至点として研究に組み入れ，意図せぬ研究者の価値づけを未然に防ぐ
分岐点：BFP	ある選択によって，各々の行動が多様に分かれていく地点
必須通過点：OPP	論理的・制度的・慣習的にほとんどの人が経験せざるをえない地点
社会的方向づけ：SD	個人の望む選択肢ではなく，望んでいない特定の選択肢を選ぶように仕向ける，環境要因や文化的な力の総体
社会的促進：SG	SD に対抗し，個人の望んでいる行動を選択肢を選ぶように支援する，環境要因や文化的な力の総称

(2) TEM の手続き

　TEM の分析的手順は次のとおりである。(1) 保育者から得られた言語データから，保育者になってからの出来事やそれによって生起された感情，態度など，一つの意味のまとまりごとにカードにし切片化を行う。次に，(2) カードに小見出しを付けながら，カードを時系列に並べる。さらに，(3) ライフラインの変動（上がり，下がり）に合わせて，カードの配置を研究協力者に確認してもらいながら整理する。(4) 連続して類似した小見出しが付いたカードについては，それらのカードをまとめて抽象度の高い概念（ラベル）を付けて，Table 28に示した TEM の概念である「等至点」「分岐点」「必須通過点」「社会的方向づけ」「社会的促進」がどのカードになるのか設定を行った。(5) 全体を網羅した TEM 図を作成し，研究協力者とともに TEM 図と言語データを見返しつつ，反復回顧インタビュー[1]を実施することで，過去の出来事や選択を正確なものへと精査した。また，精査においては，理論的に存在すると考えられる選択や行動を設定した。

第3項　研究協力者の選定

　研究協力者の選定にあたっては，保育者としての経験年数が多いだけではなく，その保育者が実際に保育者として熟達しているのか，その妥当性を高めるために，事前のフィールドワークでこれまでの実践や研究に携わった経験や，

Table 29　研究協力者 A・面接時間・職位一覧

経歴	面接回数	経験年数	面接時間
保育者 A は，採用されて3年目には研究に携わり，その後も県指定の公開研究に携わってきた。保育所の研究を主導し，B町の保育研究会の委員や会長を歴任，県指定の公開研究を担当。副所長，所長となり，保育者をまとめて実践だけでなく研究も同時に行うことで，常に新たな保育実践を行ってきた。	8	39年	5 h 09m

　他の保育者への影響力などを調査した。その結果，B町の公立保育所の保育者 A を選定した。選定の理由となった保育者 A の経歴や面接時間については Table 29に示した。期間は，平成22年7月から平成24年3月。

第3節　保育者の成長と時期区分

　本章では，保育者 A の自らの成長における出来事やそれによって生じた感情や態度についての言語データの分析結果と，その考察を示す。

第1項　保育者の成長による時期区分と保育実践コミュニティによる時期区分

　まず，保育者 A のライフラインを Figure 16に示す。このライフラインと切片化したカードをもとにして，「等至点」「分岐点」「必須通過点」「社会的方向づけ」「社会的促進」の TEM の理論で用いられる概念を用いて保育者 A の成長プロセスについて検討を行った。とくに，本研究では，急激に少子化，高齢化が進む小規模地方自治体の社会的な状況が，保育者効力感にどのように作用して，保育者の熟達化に影響を与えたのか，その成長プロセスを明らかにすることを研究の目的としている。そのため，保育者 A が自らの成長を実感した経験や出来事を「等至点（EFP）」として，その等至点までに至る径路を選択する転機となった経験や出来事を「分岐点（BFP）」として示した。そこで，この「等至点」と「分岐点」に着目して，第 i 期から第 x 期までに時期区分した。

　さらに，i 期から x 期までの TEM 図をもとに，期ごとにどのような社会的な状況が生じ，それら保育者効力感にどのように作用したのか，各期における

保育者の成長プロセスの実相について明らかにした。その結果，社会的な状況の変化に対して，保育者 A が保育者効力感を下降させていく中で，個人的に仲の良い保育者とのかかわりの在り方について変容させ，その状況を乗り越え

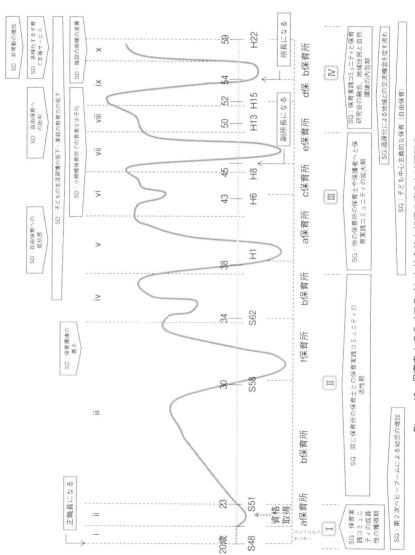

Figure 16　保育者 A のライフラインと社会的な状況の変化と時期区分

て行ったことが示された。このように，保育研究会や保育所などの公的な組織とは違い，「共通の専門スキルや，ある事業へのコミットメント（熱意や献身）によって非公式に結びついた人々の集まり」を実践コミュニティと呼ばれる（Lave & Wenger, 1991）。そこで，本研究ではB町の保育者アイデンティティの形成に影響を与える，非公式で保育者Aと個人的にかかわり合う保育者たちの集まりを「保育実践コミュニティ」と示した。

　そして，保育者Aが属する保育者実践コミュニティの変容に着目し，I期（ⅰ，ⅱ期）：保育者Aが資格取得を通じて保育者の保育実践コミュニティの成員性を獲得していった時期，Ⅱ期（ⅲ，ⅳ期）：保育者Aが同じ保育所の保育士と研究を進めていくことで保育実践コミュニティを活性化させた時期，Ⅲ期（ⅴ，ⅵ，ⅶ期）：新たなB町の保育観を他の保育所の保育士とともに形成することで保育実践コミュニティを拡大した時期，Ⅳ期（ⅷ，ⅸ，ⅹ期）保育者Aが子育て支援の多様化や地域との交流を意識することで，地域住民や自然環境を内包し，保育実践コミュニティを公的な組織である保育研究部会と融合させていった時期，4つの時期区分を行った。

　次に，ⅰ～ⅹ期の概要を示す。TEM用語の図式については，Figure 17に示した。

第2項　保育実践コミュニティの成員性を獲得した時期

　このI期は，保育者Aが保育実践コミュニティの一員として，仲間入りし，

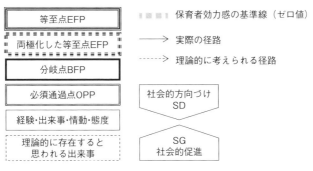

Figure 17　TEM用語と図式

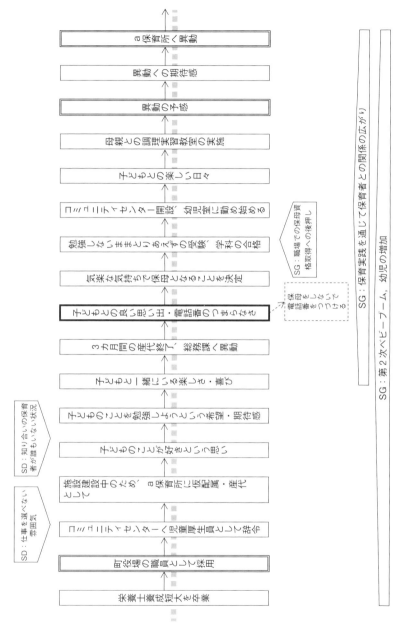

Figure 18　第 2 次ベビーブームによる幼児数の急激な増加による保育所への配属（ⅰ期）

その成員性を獲得していく時期である。ⅰ，ⅱ期の社会的な状況における保育者 A の成長と保育実践コミュニティとの関係性の在り方について，TEM 図と言語データをもとに，ストーリーラインを示し，考察を行う。

(1) ⅰ期のストーリーライン

　当初，栄養士養成校を卒業後，〈OPP：町役場の職員として採用〉された保育者 A が，辞令交付式で 9 月に開設予定のコミュニティセンターへの辞令が示されたが，9 月まで a 保育所の保育士の産代として配属させられた。保育者 A は a 保育所で保育を経験することで，子どもと一緒にいる楽しさを味わった。その後，一度総務課に異動したが，「産代が 3 カ月で終わって，そして 7 月今度総務課の方に行ってくださいって。それで 7 月，8 月は総務課の方に。電話番とか，文書の整理とか，いろんなことをさせられましたね。総務課の方に，電話のあれが応対がもう不安でしたね。やっぱり，子どもといる方がいいかなって思いました」と述べているように，電話番，文書の整理などの仕事に魅力を感じられず，しだいに子ども達と一緒にいる保育者の方が自分に適しているのではないかと感じ始めた。さらに，はじめは「保育者の知り合いは一人もいませんでした」と，誰も知り合いがいない状況から，「保育をしていくなかでだんだんと広がっていった。そうです。広がっていった」と述べているように，3 カ月で〈SG：保育実践を通じて保育者との関係の広がり〉を感じていた。このような状況で保育者 A は〈BFP：気楽な気持ちで保育者となることを決定〉した。保育者になるという保育者 A の希望はすぐに叶い，総務課長から資格を取るよう勧められ，言われるがまま保母試験を受験し，いくつかの学科に合格した。そして，9 月にコミュニティセンターが開設されると，そこの幼児教室で保育を行い，半年後に a 保育所に異動することとなった。

(2) 考察ⅰ　人手不足の社会的状況が後押し

　ⅰ期で注目されるのは，保育者 A が保育者という仕事を選択した後に，その選択がすぐに叶えられた点にある。この時期，〈SG：第 2 次ベビーブームによる幼児の増加〉ために B 町も急激に幼児の数が増加し，B 町では既存の 3 つの保育施設では受け入れられず，コミュニティセンターや公民館に幼児室という形で保育施設を増設していた。そのため，保育者の数が不足していたことが，A の願いがすんなりとかなえられた背景となった。また，当時の保育者

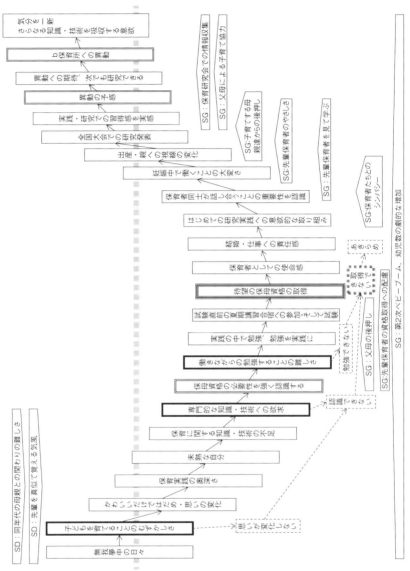

Figure 19　先輩保育者の配慮と保母資格取得（ii 期）

にとっても人手不足の中，保育所に勤めたいという A の存在はありがたく，保育実践を通じて多くの保育者が A と友好的な関係を形成するできたと考えられる。

(3) ⅱ期のストーリーライン

　保育者 A は，a 保育所へ異動してしばらくは実践の中で先輩保育をよく観察し，仕事を覚えることに無我夢中の日々を過ごしていた。しかし，次第に〈BFP：子どもを育てることのむずかしさ〉を感じ，「ただかわいいかわいいっていうだけじゃだめなんだな。いろんなこともするんだなって」と述べているように，子どもに対する思いを変化させていった。そして，自らの保育に関する知識や技術の不足を強く感じ，保育に関する〈BFP：専門的な知識・技術への欲求〉を強め，保母資格の必要性を強く認識するようになった。保育者 A は〈働きながら勉強することの難しさ〉を困難として感じつつも，勉強を重ねて〈P-EFP：待望の保母資格の取得〉に至った。そして，保育者としての使命感を抱くことで，結婚，出産などプライベートでは大きな出来事が続いたが，初めての研究実践に意欲的に取り組み，習得感を実感して，b 保育所へと異動した。

(4) 考察ⅱ　資格取得への協力体制

　本研究では，保育者の成長に焦点を当てているため，その時期区分における保育者の成長を示す経験や出来事を「等至点」とした。そのため，ⅱ期では〈EFP：待望の保母資格の取得〉を等至点とし，さらに「等至点」の対極に位置する可視化できない「両極化した等至点」として，〈P-EFP：取得できない〉を示し，その想定される径路を示した。当初，保育者達が〈SD：先輩を真似て覚える気風〉を持つために，保育者 A が保育の難しさを感じていても，その解決する方策を先輩保育者が丁寧に教えてくれるようなことはない。そのため，保育者効力感を急激に下げていくが，保母資格を取得することを決意し，その意思を示し，働きながら勉強を始めると，保育者 A が勉強できるように，仕事の負担を少なくしたり，試験の情報を提供してくれたりと〈SG：先輩保育者の資格取得への配慮〉が行われるようになった。保育者が困難な状況に陥ったときに，もしこの先輩保育者の配慮がなかったら，保育者 A は保母資格を取得できず，あきらめていたかもしれない。また，先輩が丁寧に保育の仕

方を教えてくれるのであれば，専門的な知識への必要性すら感じなく，保母資格を取得しようとすら思わなかったかもしれず，他の保育者とのかかわりがその後の選択に大きな影響を与えたことと考えられる。

(5) 小括Ⅰ　成員性の獲得

考察ⅰ，ⅱから，〈SG：第2次ベビーブームによる幼児の増加〉によって，幼児を保育する職員の絶対数が不足していたために，Aが保育者と関係性を築く機会を得て，そこで保育者となる決意をしたことが示された。また，考察ⅱでは，急激に保育者効力感を下降させる中で，保母資格の取得を決意してその実現に向けて勉強し，先輩保育者の配慮を受けていく過程で保育者効力感の下降を緩め，資格取得を実現させたことで保育者効力感への上昇と転じたことが示された。つまり，この時期，保育者Aは，保育実践と資格取得のための経験を通じて保育実践コミュニティの成員性を獲得していったと考えられる。そこで，この時期を「保育実践コミュニティの成員性の獲得期」とした。

第3項　同じ保育所の保育士同士による保育実践コミュニティを活性化させた時期

このⅡ期では，資格取得後にb保育所に異動し，自らの保育実践について研究することの楽しさを感じ取り，同じ保育所に所属する保育者達と研究を推進していった時期である。

(1) ⅱ期のストーリーライン

研究への期待を抱きつつ，b保育所に異動したが，しばらくは地域の特性や子どもの気質を知るために，1年目は保育実践をよく観察していた。しかし，次の年には研究の指定を受けため，ともに異動してきた〈SG：a保育所で一緒に研究した仲間〉とともに，保育者一人一人が自分のクラスで実践したものを持ち寄り，話し合い，新たな実践に取り組むようになり，しだいに〈SG：同僚保育者とのまとまり〉が形成されていった。しだいに研究が進むと研究を取りまとめるために人手が必要になっていったが，〈SD：自分のことしかしない専門外の所長〉から研究に対する配慮をしてもらえない厳しい状況で研究を進めていた。厳しい状況で互いに配慮し合う保育者達はしだいに〈SG：同僚保育者とのまとまりの強化〉が促された。保育実践や研究においても子どもの育

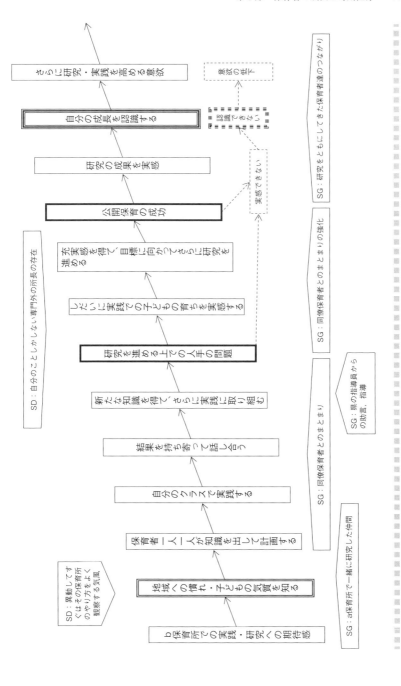

Figure 20　研究における保育者の関係性の変容（Ⅲ期）

ちを成果として実感するようになり，充実感を得て，目標に向かってさらに研究に取り組む日々が続いた。そして，公開保育を成功させたことで，〈SG：研究をともにしてきた保育者とのつながり〉を感じ，自分の成長を認識するとともに，さらに研究・実践への意欲を高めていった。

(2) 考察ⅲ　同じ保育所に勤める同僚の関係性の変容

　ⅲ期では，保育者の成長の「等至点」として〈EFP：自分の成長を認識する〉を設定し，さらにその「両極化した等至点」として〈P-EFP：認識できない〉を想定した。ここまでに至る径路において，「社会的促進（SG）」として同じ保育所で研究する保育者達が大きく影響を与えていることが TEM 図から理解できるが，とくに着目したいのが，保育者の関係性の変容である。b 保育所に異動して 1 年目は実践に参加してはいるものの，自らの意見を言ったりするのではなく，b 保育所の保育の在り方を観察することが中心となっているため，限定された保育者のみとの関係であった。それが，研究に関する話し合いの中で，互いに意見を示していったことで，保育者との関係性が広がり，より深まっていったと考えられる。この関係性の変容がなければ，人手が少ないという困難な状況に置かれた「分岐点」において，子どもを実感できないために，自分の成長を認識できない状況に陥ってしまったかもしれない。また，同じ保育所の保育者との関係性が形成されていなければ，公開保育が成功したとしても，徒労感だけが残り，この研究成果を実感できないために自分の成長を認識できず，保育実践や研究に対する意欲を低下させたと考えられる。

(3) ⅳ期のストーリーライン

　突然 f 保育所へ〈BFP：いきなりの異動の内示〉を受け，第 2 次ベビーブームのために公民館に急造された f 保育所の〈SD：保育室が 2 つしかない環境の悪さ〉〈SD：学童保育も兼ねる唯一の施設〉であったため，これまで〈SD：B 町の研究拠点の b 保育所〉で研究に意欲的だった保育者 A は不安を抱いた。しかし，保育研究会で，前任施設で同僚だった保育者から情報収集や，これまで大規模保育所で研究をやってきた自信から，次第に異動を受容していく。実際に異動すると，学童期の子どもがいることで，子どもの発達の連続性や地域性，異年齢の子ども達のかかわりの良さに気づき，f 保育所の良さを感じとっていった。さらに，このような新たな気づきの中で，これまで培ってきた保育

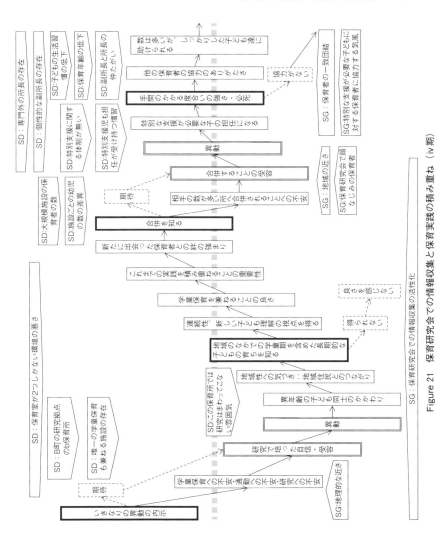

Figure 21　保育研究会での情報収集と保育実践の積み重ね（iv期）

実践を積み重ねていき，新たに出会った保育者との絆を強めていった。しかし，しばらくすると，ｂ保育所の施設が新築され，ｆ保育所がそこに〈BFP：合併することを知る〉ことで不安を感じるようになった。しかし，近隣の地区で，顔見知りの保育者，子どもも多かったためしだいに合併を受容していく。合併後は，ｂ保育所で担任したが，クラスに特別な支援が必要な子どもがおり，加

えて躾に対する親の意識に変化が見られるようになり，これまでより手間がかかり必死で保育を行っていた。ただし，同僚の保育者が一致団結し，特別な支援に関しても互いに協力し，しっかりした子ども達に助けられていたために保育実践を積み重ねることができた。

(4) 考察iv　他の保育所の保育士への関係性の広がり

iv期では，保育者 A は「新たな保育実践に目覚めたとか，理想を抱いたとかいうのはないけれども，これまでの実践をさらに積み重ねていった」と述べているため，「等至点」を設定しなかった。そこで注目したいのが，f 保育所で研究できないときも元同僚の保育者と〈SG：保育研究会での情報収集の活性化〉によって，研究できないことへの不安を取り除いている点である。保育研究会は年に 3 回の研修会と 2 カ月に 1 回の保育参観が主な活動であるが，この情報収集は研修会や保育参観という公的な場だけでなく，その前後のちょっとした時間に「仲の良い保育者がちょっと集まって話をしたり」することで，他の保育所の保育実践の動向についての情報交換が行われたことが言語データで示されている。この仲の良い保育者同士でのちょっとした情報収集がなければ，f 保育所の環境の悪さや学童保育への不安によって，〈BFP：地域の中での学童期を含めた長期的な子どもの育ちを知る〉ことがあっても，保育者の不安が解消されずに，新たな子ども理解の視点を得られず，学童保育も兼ねることの良さを感じ取れずに，保育者効力感を下げていったことが想定される。また，ここで保育者との関係性が継続されていなければ，〈SD：特別支援に関する体制が無い〉ことや〈SD：子どもの生活習慣の低下〉によって保育実践が厳しい状況で，他の保育者からの協力が得られず，保育者効力感を低下させていったことも考えられる。

(5) 小括II　実践コミュニティの活性化

考察iiiでは，同じ保育所に勤務する同僚の保育者との関係を深めていき，研究を通じて保育実践コミュニティを活性化させた。また，iv期では，活性化した保育実践コミュニティを，他の保育所に移っても，保育研究会の前後での非公式な機会を活用して情報交換を行うことでその活性化させた状態を保ち，それを基盤に，特別支援児の増加や生活習慣の低下などの社会的な状況の変化に対応して，自らの保育者効力感を高めていったことが示されている。そこで，

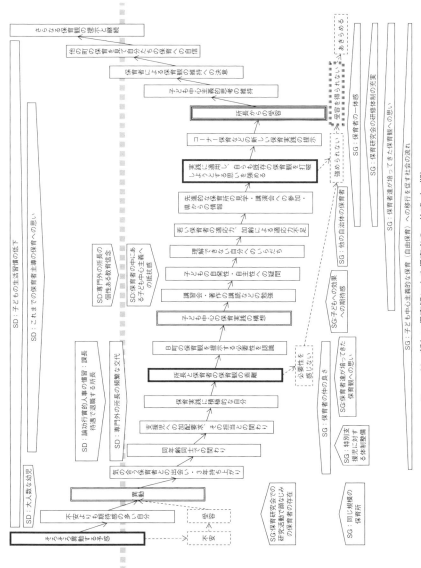

Figure 22　新しい保育観による保育者の一体感（Ⅴ期）

この時期を「同じ保育所の保育士との保育実践コミュニティの活性期」と示した。

第4項 他の保育所の保育士や保護者へと保育実践コミュニティを拡大した時期

ⅲ期では，社会において子ども中心主義的な保育や教育の在り方が進められ，B町においても，子どもが自発的に遊びを展開する自由保育が取り入れられ，保育者が試行錯誤しながら，B町の保育観を再構築し，B町らしい保育の在り方を探っていった時期である。

(1) ⅴ期のストーリーライン

a保育所への異動し，保育者Aは気の合う保育者と同じ学年を担当し，これまで同様の保育者主導の一斉活動が中心の保育実践を行っていた。しかし，平成元年の幼稚園教育要領の改訂によって，子どもが自発的，自主的に遊びを展開していく自由保育を行うことが社会的に求められてきていることを知り，保育者Aは自由保育を行う必要性を感じ始めていた。しかし，〈SD：論功行賞的な人事の慣習〉によって配属された専門外の所長は，〈SD：これまでの保育者主導の保育への思い〉しか持たないため，B町の保育観を巡ってしだいに専門外の所長と保育者の間で乖離が起き始めた。そのため，保育者達はB町の保育観を現場の保育者自身が示す必要性を感じ，子ども中心の保育実践を構想し，保育研究会で研修会や他の自治体の先進的な保育所を参観するなどして，その実践を試行しはじめる。しかし，始めたものの，子どもの自発性をどこまで許容すべきか，自由保育を理解できないいらだち，葛藤や疑問を抱き，それを研修によって解決していく日々が続いた。そして，とうとう，実践を積み重ねていくことで，新しい保育観に基づいた保育実践を提示することで，所長からその保育観の受容を得た。その後，子ども中心主義的な思考や新しい保育観を維持しつつ，自信を持ってさらなる保育観の提示へ意欲を高めていった。

(2) 考察ⅴ 保育者達のつながりを研究会へ移行

ⅴ期では，保育者の成長として〈EFP：所長からの受容〉を設定し，一方で〈P-EFP：受容を得られない〉を想定した。この「等至点」に至る径路では〈BFP：所長と保育者の保育観の乖離〉において，保育者Aが新たな保育観を提示する必要性を認識できなかったり，〈BFP：実践に適用し，自らも既存の

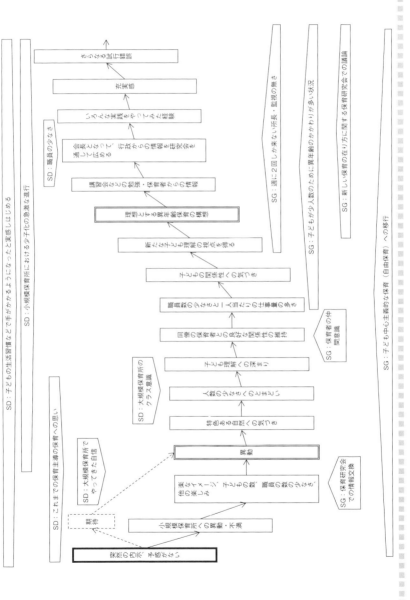

Figure 23　子どもの数の少なさと異年齢保育の構想（vi 期）

保育観を打破しようとする思いを強める〉において，新たな保育実践を提示したりすることがなければ，所長の受容は得られず，成長する機会を失ったと考えられる。また，この一連の出来事において，B町の保育者達が「B町の保育観」への思いを強め，より具体的に共有したり，その実現のために保育研究会において研修体制を充実したり，他の自治体の保育者とのつながりから情報を得たりしたことなどが「社会的促進」として保育者の成長を支えたと考えられる。

(3) ⅵ期のストーリーライン

ここで，保育者Aは初めて小規模保育所にc保育所に異動する。これまで大規模保育所に配属されていたために，当初は不満を抱いていたが，子どもが少なくて仕事が楽になるイメージや周りの自然の豊かさを思い浮かべることで，しだいに受容していった。実際に異動すると，はじめは子どもの数が少ないことで，どのような保育をして良いかとまどい，職員一人あたりの仕事量の多さに不安を感じたが，同僚とも良好な関係を保ち，その自然を生かして保育を行うことの楽しさや子ども一人一人を理解することに充実感を得ていった。とくに，c保育所では同年齢の人数が少ないために，自然と異年齢のかかわりが生じ，この姿から子どもの成長を実感するようになった保育者Aは，自らの理想の保育として異年齢保育を構想していく。その後，講習会で勉強したり，さらに自分が保育研究会の会長となったことで，県や全国の保育の動向についての情報を耳にするようになり，他の自治体の保育所と比較することで自信を持ち，その構想を高めていった。

(4) 考察ⅵ　研究会での異年齢保育の議論と構想

ⅵ期では，「必須通過点」として示した〈OPP：理想とする異年齢保育の構想〉が，その後の保育者Aの成長だけでなく，B町の保育にとって重要な出来事となる。このB町では，〈SG：子どもが少人数のために異年齢のかかわりが多い状況〉が生じ，さらに〈SD：子どもの生活習慣などで手がかかる実感〉を感じるようになった。そこで，保育者Aはしだいに異年齢でかかわりを促進することで，基本的な生活習慣を教え合ったり，遊びを一緒に楽しんだりするような異年齢保育を構想するようになる。この構想がもとになって，その後B町の全ての保育施設で異年齢保育を実施することになった。また，この構想

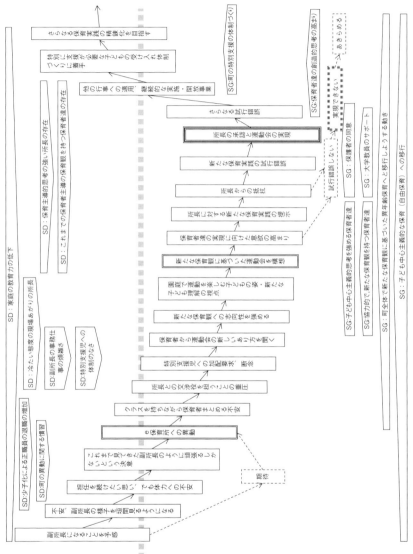

Figure 24　共同体の形成と新しい運動会の実現（vii期）

は，保育者 A 個人だけの出来事ではなく，同時期の他の保育者にも同様に現れ，保育者 A が会長となった保育研究会で〈SG：新しい保育実践の在り方に関する保育研究会での議論〉となり，その後の異年齢保育の実現へと向かっていったと考えられる。

(5) ⅶ期のストーリーライン

　この時期になると，保育者 A はそろそろ自分が副所長になることを予感し，担任を続けたいという思いと，体力への不安の間で，葛藤し保育者効力感を下げるが，これまでの副所長のようになろうと決意し，しだいに異動を受容していく。副所長として e 保育所に赴任するが，しだいに保育者と所長の間で交渉役をすることに重圧を感じ始める。そのような中で，保育者から新たな保育観に基づいた運動会の在り方についてのアイディアを聞き，その実現に向けて保育者達と取り組む意欲を高め，提示を行った。しかし，〈SD：保育者主導的思考の強い所長の存在〉のために，その実現は困難な状況に置かれた。それに対して，保育者 A は保育者達と協力したり，〈SG：保護者の同意〉を得たり，〈SG：大学教員のサポート〉を得たことで，最終的に所長が承認し，新しい保育観による運動会を実施した。その後，運動会だけでなく，発表会などの行事も新たな保育観に基づいて行われるようになった。

(6) 考察ⅶ　異なる立場の他者との新たなかかわり

　ⅶ期では，保育者の成長の「等至点」として〈EFP：所長の承認と運動会の実施〉を示し，さらに「両極化した等至点」として〈P-EFP：実現できない〉を想定した。ここで注目したいのは，保育者 A が同僚の保育士と新しい運動会の実現に向けて一致団結し，実現に向けて意欲を高めていくだけでなく，運動会に関係する保護者や，大学教員の協力を得て実現していった点にある。この他者との関係性の形成がなければ，所長に対して新たな実践を提示することも，試行錯誤もすることができず，承認を得ることができなかったと考えられる。

(7) 小括Ⅲ　実践コミュニティの活性化

　考察ⅴ，ⅵ，ⅶでは，「社会的促進」として子どもが自発的に遊びを展開することを位置づけた自由保育を導入することが社会的に求められた時期である。そして，その導入を巡って，保育者 A が同じ保育所の保育士だけでなく，保

育研究会などの場で個人的なつながりのある保育者達と試行錯誤しながら，自らも子どもの自発性をどの程度まで許容すべきか，これまでの保育者主導の保育への思いとの狭間で葛藤しながら新たな保育実践を通じて実現していくことで保育者自身が新たな B 町の保育観を，形成していった時期である。また，この B 町の保育観，新たな保育実践の実現の過程で，他の自治体の保育者の存在や，保護者，大学教員などの他者によってさまざまな知識や新たな視点が生み出され，保育者効力感の下降を緩めていった。そこで，この Ⅲ 期を「他の保育所の保育士や保護者へと保育実践コミュニティの拡大期」と示した。

第 5 項　地域住民，自然環境の内包と，公的な組織へと融合した時期

　Ⅳ 期では，B 町の独自の保育実践として提示した「異年齢保育」が，社会の自由保育批判の流れを受けて，B 町でも批判され，保育者主導型の保育への回帰が促された時期である。

(1)　viii期のストーリーライン

　小 1 問題の原因として〈SD：社会における自由保育に対する批判〉が取り上げられ始めた時期である。この自由保育批判については，新聞や専門書などで見かけることがあったが，保育者 A は実際に〈SD：小 1 問題が B 町にも発生している状況〉を知って，異年齢保育への思いを揺るがせた。そして，幼児センター長主導で，異年齢保育からこれまでの同年齢保育へと回帰が促され，批判的管理が始まると，さらに〈BFP：批判による揺らぎ〉を強めた。しかし，批判を受けながらも，保育者 A は実際に異年齢保育で得た子どもの育ちを実感していたために，この批判が異年齢保育の良さを広報することで収まると考え，研究成果を，センター長を始め，B 町の地域住民に対して広報しようと考えた。そして，自らも中心的な存在として研究を推進し，これまで保育所が持ち回りで 2 年間ずつ研究する研究の体制を改善し，〈SG：保育研究会を通じて研究を共有する体制の構築〉を行った。この新体制のもとでの成果をセンター長に示したが，センター長は異年齢保育に対するトップダウンによる管理を止めなかった。そのような〈BFP：困難な状況の中で研究と実践〉を積み重ねて，保育者達は〈SD：トップダウンへの反感〉を抱き，信頼関係を構築し，さらに研究を進めることで，最終的に全国大会まで進んだ。この結果を受けて，保

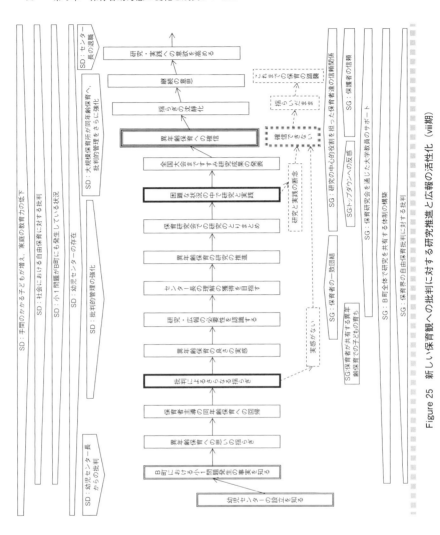

Figure 25　新しい保育観への批判に対する研究推進と広報の活性化（ⅷ期）

育者 A は〈EFP：異年齢保育への確信〉を得て，自らの揺らぎを鎮静化させて，さらなる研究・実践に意欲を高めていった。

(2) 考察ⅷ　研究体制の強化と情報の共有化

ⅷ期では，保育者の成長を〈EFP：異年齢保育への確信〉と示すとともに，

一方で〈P-EFP：確信できない〉を想定した。ここで着目したいのが，小1問題によって引き起こされた自由保育批判に対して，保育者 A が揺らぎ，困難を感じた2つの「分岐点（BFP）」である。保育者 A は，異年齢保育での子どもの育ちをvii期で十分に実感していたため，批判の正当性を疑い，批判を行う者に異年齢保育の良さをきちんと知らせることで，この批判を抑えることが可能であると考え，研究を推進することとした。もし，この実感がなかった場合，保育者 A は，この批判を肯定的に受けとめ，保育者主導型の保育へと回帰していたと考えられる。また，困難の中で研究を進めるにあたって，保育者達はこれまで研究の体制を改め，保育実践コミュニティを通して行ってきた研究情報の共有化を，〈SG：B 町全体で研究を共有する体制の構築〉を行った。この研究によって得た実感を B 町全体の保育者同士が共有し，それによって関係を築いていなければ，この困難な状況を乗り切ることができなかったと考えられる。

（3）ix 期のストーリーライン

　少子化が進み，小規模保育所では施設の統廃合が議論し始められてきた時期である。子どもが少ないところで育てるよりも，多いところでいろんな人とかかわり合う機会を重視する保護者と，保育施設が他の地区に移ることに否定的な地域住民との間で意見のすれちがいが起きた。この時期になると，そろそろ所長になることを予測し始める保育者 A。その不安から，保育における所長の姿をよく見るようになる。実際に所長として b 保育所に異動するが，ついつい自分の思いを保育者に言ってしまい，それがトップダウンのようになってしまう出来事が続いた。保育については，保育者に任せたい思いがありながらも，〈BFP：結果的にトップダウンで保育が行われる〉ことになり，そのことに負の感情を抱き，反省の念を抱く。地域との交流が求められる社会的な状況において，所長が大きな方向性や事務的な手続きをし，実際の地域との交流する保育内容の吟味は保育者に任せるという，〈OPP：新たな理想の所長モデル〉を構想する。〈BFP：最終責任者として方向性決定の重圧〉を感じつつも，事務仕事の煩雑さ，未経験の出来事に戸惑いを感じつつ，〈EFP：方向性を示した新たな保育実践の成功〉を得たことで，保育者との役割分担に成功した。

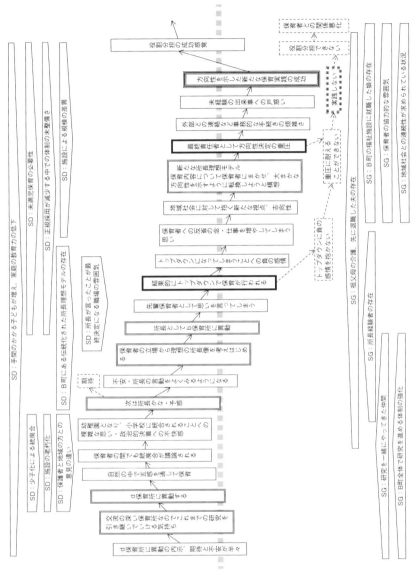

Figure 26　保育者の仕事の負担の増加と新たな所長モデルの構築（ix期）

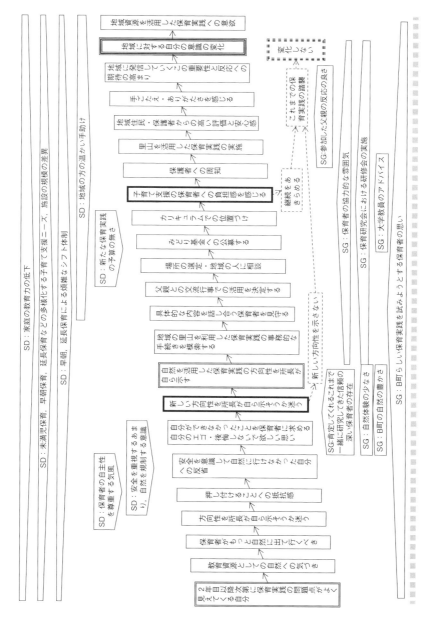

Figure 27　子育て支援が多様化する中での新たな保育実践の構想と実践（x期）

(4) 考察ix　理想の所長像を模索する中での後輩とのかかわり

　ix期では，保育者の成長として，〈EFP：方向性を示した新たな保育実践の成功〉を示し，一方で〈P-EFP：実践しない〉を想定した。この径路では，保育者 A が所長になってから，ついつい保育者に思いを言ってしまうことが，そのまま決定事項となり，トップダウンで保育実践が決まってしまうことを「分岐点」として示した。〈SD：家庭の教育力の低下〉や，〈SD：未満児保育の必要性〉など多様な子育て支援が求められる一方で，保育者は〈SD：正規採用が減少するなかでの体制の未整備さ〉によって忙しい日々を送っている。このような状況の中で，トップダウンで保育実践が決まっていくことに，保育者 A が負の感情を抱くことが，新しい理想の所長像を構想しようとするきっかけとなっていると考えられる。もし，ここで負の感情を抱かなかったら，そもそも構想自体が行われなかっただろう。また，構想にあたって，過疎化，高齢化が進んだ B 町において，保育所に〈SG：地域社会との連続性が求められている状況〉もこの理想モデルを構想する際に影響を与えていると考えられる。

(5) x 期のストーリーライン

　ix期で保育者 A は，新しい保育実践の方向性を示すものの，その内容については保育者に任せ，自分はその実現のための事務的な仕事を行うという新たな所長理想モデルを身につけた。x 期では，さらに，自分がこれまで地域の自然環境を，安全面での理由から保育実践に取り入れることができなかった思いから，新たな保育実践として，地域の自然環境を活用した保育実践の方向性を示そうと考えた。しかし，保育者 A は，ただでさえ〈SG：早朝保育や延長保育による煩雑なシフト体制〉によって，非常勤が増加したり，負担が多くなったりした保育者へ配慮して，〈BFP：新しい方向性を所長自ら示そうか迷う〉。迷いを感じつつも，保育者 A は新しい保育実践の方向性を示し，保育者達がその内容について吟味する姿を見ながら，自らはその予算の獲得や場所などの事務的な仕事を行った。途中，〈BFP：子育て支援の保育者への負担感を感じる〉ときもあったが，里山を活用した父親との交流行事を成功させる。そして，この出来事を通して，保育者 A は地域を保護者中心に見ていた自分が，地域住民も含めて地域を捉えることができるようになったことに，〈EFP：地域に

対する意識の変化〉を感じるようになり，さらに地域の教育資源を活用した保育実践に意欲を高めた。

(6) 考察 x　保育者達の協力的な雰囲気と後押し

x期では，保育者の成長を〈EFP：地域対する自分の意識の変化〉とし，一方で〈P-EFP：変化しない〉を想定した。ここで注目したいのは，2つの「分岐点」である。この2つの「分岐点」で保育者 A は，〈SD：早朝，延長保育による煩雑なシフト体制〉によって〈BFP：子育て支援の保育者の負担感を感じる〉ことで，新たな保育実践を行う方向性を示したり，継続したりしていいのか葛藤している。しかし，保育者 A は，〈SG：B町らしい新たな保育実践を試みようとする保育者達の思い〉を感じ取り，多様化する子育て支援に対する〈SG：保育者の協力的な雰囲気〉の後押しを受けて，地域の自然環境を活用した保育実践を実施させ，地域に対する自分の意識を変化させて成長している。B町の保育者は，「異年齢保育」によって異年齢の子ども同士のかかわりを重視した子ども中心の保育を「B町の保育」と呼び，強く意識している。もし，この「B町の保育」という保育観がなければ，さらにその保育観に，B町の自然環境を取り込んで，さらに新たな保育実践をしようとする意識の変化はなかったと考えられる。

(7) 小括IV　実践コミュニティの活性化

考察viii，ix，x で示されたように，保育者 A を含む B町の保育者達がつくり上げてきた「異年齢保育」が批判されたが，それを保育者達は保育研究会の体制を改め，保育実践コミュニティで行っていた研究情報の共有化を保育研究会の体制に融合させて研究を推し進め，その成果を示すことで乗り越え，保育者効力感を高めた。さらに，家庭の教育力の低下，多様な子育て支援による負担感が増加する中で，「B町の保育」をさらに良いものにするために，B町の地域住民や自然環境を保育実践コミュニティに取り込み，新たな保育実践を実現してきた。そこで，この時期を「保育実践コミュニティと保育研究会の融合と，地域住民，自然環境の内包期」と示した。

第4節　ストラテジーとしての保育実践コミュニティの変容

　これまで，保育者の関係性の重要性については，多くの先行研究で示されて
きたが，そのほとんどが公的な保育者の関係性を対象としていたのに対し，本
研究では，保育者個人のつながり，非公式な保育者の関係性が保育者の成長に
とって重要な役割を果たしていることを明らかにした。そして，さらに本研究
では，保育者 A が社会的な状況の変化によって保育者効力感を下降させたと
きに，保育実践コミュニティを変容させることで，自らの成長の契機への社会
的促進とし，保育者効力感を上昇へと転じさせてきたことを明らかにし，保育
者の成長の契機となった等至点と分岐点をもとに i〜x 期に時期区分し，考察
を行った。そして，さらに，保育実践コミュニティの変容をもとに，保育者
A が保育実践コミュニティの成員となった時期，研究を通じて同じ保育所の
保育者と保育コミュニティを活性化させた時期，しだいに，他の保育所の保育
士や保護者，大学教員へとその範囲を拡大させた時期，さらに地域住民や自然
環境をも内包し，公的な機関である保育研究会と融合した時期，以上のＩ〜Ⅳ
期にまとめ，保育者効力感に対する保育実践コミュニティの有効性を考察した。
そこで，本節では，これらの結果と考察をもとに，（1）保育者効力感に対す
る保育実践コミュニティの影響について総合的に検討を行う。そして，この検
討結果をもとに，（2）社会的な状況が急激に変化する現代社会における現職
教育の在り方に対して，新たな視座を示唆しようと考えた。

第1項　保育実践コミュニティの変容への保育者の働きかけ

　本項では，i〜x 期において保育者 A の成長として示した「等至点」に至
る径路における「出来事，経験，情動，態度」「分岐点」「必須通過点」などに
分けて，KJ 法を用いて概念ごとにまとめ，保育者の成長プロセス・モデルと
して Figure 28に，ストーリーラインを示す。

(1) 保育実践コミュニティ変容のストーリーライン

　保育者 A は，〈OPP：異動する〉ことで，1 年間は新しい保育所の保育の在
り方をよく見ていたことを示した。この他の保育者の保育実践をよくみるこの

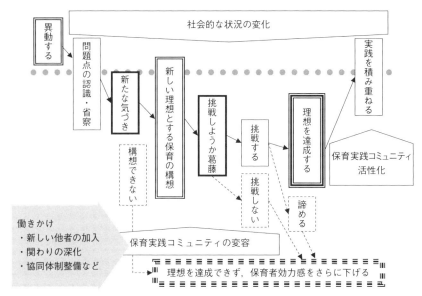

Figure 28　保育者 A の成長プロセス・モデル（ⅴ期）

時期に，〈SD：社会的な状況の変化〉が重なると，自らのこれまでの保育実践を〈問題点の認識〉によって〈省察〉するようになり，保育者 A は保育者効力感を急激に下降させる。しかし，保育者 A 自身がコミュニティの保育者に新しい他者の加入やかかわりの深化などによって働きかけることで，〈SG：保育実践コミュニティの変容〉が促され，その中で〈BFP：新たな気づき〉を得て，〈OPP：新しい理想とする保育の構想〉をすると，その下降は緩む。そして，理想とする保育に〈BFP：挑戦しようか葛藤〉し始める。葛藤を乗り越え，〈挑戦する〉ことで，〈EFP：理想を達成する〉と，保育者効力感は上昇へと転じ，保育者は保育実践コミュニティを活性化させて，さらに〈実践を積み重ねる〉。

(2)　ストラテジーとしての保育実践コミュニティへの働きかけ

　ストーリーラインで述べられているように，保育者 A は，社会的な状況の変化によって，これまでの自らの保育実践の問題点を認識することで保育者効力感を急激に下降させると同時に，保育者実践コミュニティの変容を連動させ

ることで，しだいに保育者効力感の下降を緩め，自らを等至点に至る径路へ導き，上昇へと転じていくことが示された。ここで着目したいのが，2つの分岐点に対して保育実践コミュニティ変容が与えた影響である。保育実践コミュニティが，この分岐点で保育者Aに対して，社会的な状況の変化に対する適切な気付きや，葛藤を乗り越えるための支えや後押しとなれるか，なれないかが，保育者Aにとって重要な事項になる。もし，提供できない場合は，新たな理想も抱けず，挑戦しようとも思えず，保育者効力感をさらに低下させていくこととなる。

　そこで保育者Aは自分の保育者効力感の下降に伴って，自らが所属する保育実践コミュニティに対して，新たな他者を加えたり，他者との関係性を深めたり，協働して保育実践に取り組む体制を整備したりするなどのさまざまな働きかけを行う。何も考えず，無我夢中に働きかけを行っているわけではない。どのような働きかけを，誰に対して，どの期間に，どの程度行うことで，新たな保育実践を構想したり，葛藤を乗り越えたりできる状態にまで保育実践コミュニティを変容させていることができるのか，ある程度予測しながら自らの保育者効力感を高めるためのストラテジーとして保育実践コミュニティに対して働きかけを行ったことが示された。

第2項　保育者効力感と時間的展望

　保育者Aが先に示したストラテジーを保育実践コミュニティに用いるとき，社会的な状況の変化に応じて，自らの問題を認識し，この問題をどのように乗り越えていくのか，その乗り越える方法について適切に予測することが求められる。このように，未来に対して展望を抱くことが発達に影響を与えることを，レヴィン（Lewin, 1951）は「時間的展望（Time Perspective）」という概念で示し，都筑ら（2007）がアイデンティティの形成と密接に関連していることが示唆した。実際に，保育者Aも，社会的な状況の変化によって自らの保育士効力感を急激に下げていく中で，保育実践コミュニティを変容させることで，将来の展望を予測し，社会的な状況の変化に適応した理想モデルを構想することで，保育者効力感の下降を緩やかにしていったことが示された。このことからも，保育者が社会的な状況の変化の中で，自らの保育実践の問題点や省察を

繰り返すことで，将来の展望について適切な予測を得る力が，現代社会に生きる保育者が自己形成していく際に重要であると考えられるのである。

【注】

1）　森（2009）は，現在の TEM 研究において，現在から過去という時間領域を対象にした回顧型と，現在から未来に向かう領域に重点をおいた前向型の2つの研究姿勢が存在することを示した。そして，回顧型の欠陥として，「自分の過去を人はしばしば意味づけ，あるいは物語化し，それを現在から未来へ向かうための資源としている」と述べて，人が過去の出来事を言語化する際に物語化する危険性があることを示し，その物語とさまざまな出来事のたびに選択肢を生成・選択してきた履歴とを自覚的に区別する必要性を示した。物語化を避け履歴を構成するために，反復回顧インタビューを行うことを提案している。

第5章 保育実践コミュニティにおける重要な他者とその意味

第1節 保育者の自己形成と他者との良質なかかわり

(1) 保育者の人材育成の重要性

OECD（2012）が刊行した「Starting Strong Ⅲ」では，幼児期の人的資本への投資が経済成長への有効であることを示し，乳幼児期の教育・保育サービスの拡充だけでなく，その質を高めることが重要であることを示唆した。そして，そのための政策手段として，乳幼児教育・保育に携わる保育者の役割の重要性を指摘し，保育者の資格や訓練，労働状況の改善が必要であると明示した。日本においても，厚生労働省（2013）が「保育を支える保育士の確保に向けた総合的取組」を示し，現在，保育者の人材育成や就業継続を目指し，職場の環境改善や保育者に向けた研修を実施し始めている。

(2) 継続就労の困難さ

人材育成に関する施策が行われつつあるものの，近年では多くの保育者が離職してしまう問題が深刻化しており，全国保育士養成協議会専門委員会（2010）の調査では2年目で38.4％の保育者が早期離職を経験していることが明らかとなった。さらに，本調査では，現職保育者の82.1％が「辞めたい」と感じていることが示されており，さらに東京都福祉保健局（2014）の東京都保育士実態調査報告書でも18.1％の現職保育者が辞める意向を示していることが明らかになった。経験年数に限らず，離職者が多いことは単純に保育者不足という問題を生むだけではない。世代のアンバランスや保育者集団における新採保育者の割合の増大によって，保育者の専門性の向上や熟達化が困難な状況を生み，結果的に保育の質が高まらないことが懸念されている。

(3) 継続就業における他者のかかわりの重要性

　保育者の離職の理由としては，結婚や出産，育児などの日本の女性特有のライフイベントに次いで進路変更や体調不良が挙げられている（森本ら，2013）。そして，この進路変更や体調不良の要因として，勤務時間の多さや低賃金などの労働条件，知識や能力の不足感だけでなく，職場や保護者，子どもとの人間関係が要因の一つとして示されている（東京都保育士実態調査報告書，2014）。また，保育者のバーンアウトに関する先行研究においても，職務環境のストレッサーとして職場の同僚保育者（西坂，2002）やかかわりの難しい保護者（黒川ら，2014）との関連性が明らかにされている。つまり，保育者が同僚の保育者や保護者，子どもなど多様な他者とのかかわりに問題を抱えた状態が続くと，保育者の離職が促されて保育者の専門性の向上が困難になり，その園での保育実践の質の低下が生じると考えられるのである。

(4) 現代において保育者に求められる専門性

　早期離職やバーンアウトの先行研究では，他者との関係性の悪化が保育者を離職やバーンアウトに相関することが示された。しかし，その一方で，他者との関係性が良好な場合には，保育者効力感を高めたり（西坂，2002：池田・大川，2012），保育者アイデンティティを再構成させて問題や危機的な状況を乗り越えたり（足立ら，2010）とその有効性も示されてきた。保育カンファレンスにおいて，言葉の相互共有が高いスタイルで保育者同士が話し合うことで，他者の意見を反映したり，取り込んだりと自分の理解を深めること（中坪ら，2012），保育者が同僚保育者に自らの経験を語ることで保育への意識を明瞭化させて，幼児への理解を深めていること（吉村・田中，2003）などが明らかにされている。また，保育者自身も保育者一人一人の発言の機会が保障され，相互に支え合うような関係性が保たれた保育カンファレンスが自己の成長に必要であると考えていることが示されている（中坪ら，2014）。すなわち，保育者と他者とのかかわりの在り方が良好であれば，保育者の効力感の向上やアイデンティティの再構築し，さらに自らの保育についての理解を深めることで保育者が専門性を育み，その園の保育の質を高めることができると考えられるのである。

(5) 保育実践の質と他者とのかかわり

　保育者が日々の保育実践を営む中で築く他者との関係性は，保育者自らの保育実践への理解や子ども理解を深めるなどの直接的な影響だけでなく，保育者の保育者効力感や保育者アイデンティティの再構築など間接的にも保育者の専門性育成や保育の質に影響を与えることを示した。しかしながら，先行研究では，保育者が同僚の保育者や保護者，子どもなど多様な他者とかかわり合うことの重要性を指摘してきたものの，実際に保育者がどのような他者とどのようなかかわりをしてきたのか，その他者とのかかわりが保育者にとってどのように意味づけられているのか，その実相の全体像を明らかにした研究は見られない。そこで，本研究では保育者が成長していく過程で，どのような他者とどのようなかかわりをしてきたのかを明らかにするとともに，それらの他者とのかかわりに関する保育者の意識の在り様について明示することで，保育者が他者とかかわりについて専門性育成の視点から検討を行う。

第2節 "他者" と "かかわり" の分類化

(1) 目的と分析方法の選定

　本研究では，まず第1段階として，保育者がどのような他者とどのようなかかわりをしてきたのか，その全体像を把握することを目的とする。そこで，自らの保育実践に影響を与えた "他者" とその "かかわり" について，自由記述による質問紙調査を行い，その記述内容をもとに，これまでかかわった "他者" とその "かかわり" についてボトムアップ式にカテゴリー化しようと考え KJ法（亀山，2012；川喜田，1967）を用いることとした。

(2) 分析の手続き

　KJ法については，まず，①これまでに保育者自らの保育実践に影響を与えた他者とそのかかわりについて自由記述による質問紙調査を実施した。質問項目は「あなたの保育実践に影響を与えた人と，その人とどのようにかかわったことが自分にどのような影響を与えたのか書いてください」とした。次に，②自由記述の内容を "他者" と "かかわり" に分けた。そして，③それらの自由記述をもとにラベルを作成し，そのラベルで内容が近いものを集約し小カテゴ

リーとした。最後に，④それらの小カテゴリーで内容の近いものを集約して大カテゴリーとした。①の質問紙調査は，幼稚園2園（28名），保育所4園（47名），認定こども園4園（20名），合計12園，合計95名に実施した。分析手続きの②〜④に関しては，経験年数30年以上の保育者1名，20年以上の保育者2名と調査者1名，合計4名で実施した。

結果と考察

(1) 保育者に影響を与えた "他者"

　質問紙調査の結果，自らの保育実践に影響を与えた他者とのかかわりについて，361件の自由記述を収集した。そして，これらの自由記述から，"他者"に焦点を当て作成されたラベルは67個であった。それらをもとに KJ 法を実施した結果，25の小カテゴリーに分類し，さらに他者が所属する組織やコミュニティに応じて，それらを5つの大カテゴリーに分類した。

(2) "他者" とかかわる 5 つの場

　"他者"を KJ 法で分類する際，第1段階では67個のラベルを作成し，保育実践に影響を与えた他者を「友人」「先輩」「地域住民」などの25個の小カテゴリーに分類した。さらに，次の段階として，それらの他者と共有している場の違いに着目し，これらの他者を大きなカテゴリーに分類し，場に応じた図式（Table 30参照）を作成した。夫や父親などの家族，小さいころからの友人など保育者の私生活においてかかわりの深い他者を【a. プライベートな場を共有する他者（26個）】とした。また，現在勤務している保育園・幼稚園に勤める園長や先輩保育者などの同じ園の保育者，そして，その園の子どもや保護者

Table 30　保育者に影響を与えた "他者" カテゴリー

a. プライベートな場を共有する他者	夫，父・母，姉妹，娘・息子，自分の大学教員，自分の実習担当者，友人，育った地域の人々
b. 同じ保育実践の場を共有する他者	理事長・園長，主任，先輩，後輩，同年代の保育者，園の子ども達，保護者，実習生
c. 保育実践の場周辺の他者	同じ地域の同じ職位の保育者，同じ地域の同年代の保育者
d. 地域を共有する他者	同じ地域の大学教員・学生，同じ地域の小学校の先生他業種，地域住民
e. 保育の高い専門性を持つ他者	他の地域の保育者，著名な保育研究者，地域外での研修会の講師

など，日常的に同じ保育実践においてかかわる他者を【b. 同じ保育実践を共有する他者（21個）】とした。さらに，b. を包含し，卒園生が入学する小学校の教員や同じ地域の異なる保育園・幼稚園の保育者など，保育実践において時折かかわりのある他者も含めて，【c. 保育実践の周辺を共有する他者（9個）】とした。さらに，a・b・c 全てを包括し，さらに同じ地域で時折保育実践に携わることのある大学教員や，お年寄りなどの地域住民を含めて，【d. 地域を共有する他者（5個）】とした。さらに，それらのカテゴリーに，異なる地域で保育実践に携わっている研修会の講師や著名な保育研究家を含めて【e. 保育実践を共有する他者（6個）】とした。

(3) 他者との "かかわり" の在り方

次に，361件の自由記述の中で "かかわり" の在り方に焦点を当て75個のラベルを作成した。それらをもとに KJ 法で分析した結果，そのかかわりの在り方からその方略を4つに大分類し，さらに，大分類を2つに小分類することができた（Table 31参照）。以下，合計4つの大分類と8つの小分類についての記述である。

Table 31　他者との "かかわり" ストラテジーの分類表

大カテゴリー	小カテゴリー	ラベル
ⅰ： 徒弟制 ストラテジー	省察的 （14個）	自分の保育の在り方を見直す，自分の良さを再発見する，保育する姿を見て共感するなど
	展望的 （9個）	新しい視点に気づく，刺激を受ける，良いところを学ぶ，自らの保育に活用するなど
ⅱ： 教授 ストラテジー	受動的 （11個）	アドバイスをされる，意見される，指摘される，メッセージをいただく，指導を受けるなど
	能動的 （8個）	相談する，頼んで指導してもらう，意見を聞く，働きかける，思いを聞き出すなど
ⅲ： コミットメント ストラテジー	ポジティブ （9個）	話をして自信を持つ，協力してくれて希望を持つ，落ち着くように話を聞いてくれるなど
	ネガティブ （8個）	話をして難しさを感じる，次の課題を抱く，相手のふるまいを見て悩むなど
ⅳ： 相互作用 ストラテジー	感情共有的 （8個）	おもいを語り合う，意見をぶつかり合わせる，ともに悩む，精神的に支え合うなど
	実践協働的 （9個）	話し合う，学び合う，ともに活動する，ともに体験する，ふれあい，互いにすり合わせるなど

(4) "かかわり" の4つのストラテジー

ⅰ：**徒弟制ストラテジー**　このストラテジーは，保育者自身が先輩保育者の保育や母親の生き方，お年寄りの姿などの他者の様子や姿勢，言動などを見るという行為だけで成立しており，保育者自身から他者に向けられる一方向的な "かかわり" である。保育者自らが自発的に見て学ぶ "かかわり" であることから「徒弟制ストラテジー」とした。

さらに，この「徒弟制ストラテジー」には，見て学ぶ際に保育者自らが保育実践の在り方を省察する意識を生み出す "かかわり" と，保育者自身に将来の自分の保育実践の在り方の展望を生み出す "かかわり" が存在することが示された。そこで，それぞれを「省察的」と「展望的」と分類した。

ⅱ：**教授ストラテジー**　この "かかわり" は，保育者自身が園長や主任，先輩保育者から直接的に保育実践に関する助言や指導を受けることで成立しており，他者から保育者自身に向けられた一方向的な "かかわり" である。このストラテジーでは保育者自身と他者の間に「教える者－教わる者」という関係が成り立つため，「教授ストラテジー」とした。さらに，この「教授ストラテジー」では，他者が意図を持って保育者に対して指導したり，助言したりと保育者が受動的な場合と，保育者自身が他者に自らの保育に対する意見を求めたり，相談したりと保育者が能動的な場合があった。そこで，前者を「受動的」，後者を「能動的」と分類した。

ⅲ：**コミットメントストラテジー**　この "かかわり" は，保育者が同年代の保育者や友人などと，日常的な保育実践の中で先輩や保護者と話をしたり，協力し合ったりする中で保育者自らの保育実践へ傾注や意欲，責任感の度合いに影響を与えた "かかわり" である。教授ストラテジーのように，他者には明確に保育者のコミットメントを高めようとする意図はなく，日常的なコミュニケーションの中で保育者自身が気づき，自らの保育実践へのコミットメントに影響を与えるために，「コミットメントストラテジー」とした。さらに，この「コミットメントストラテジー」には，コミットメントを高めるポジティブな感情を生起させる場合と，逆に下げるネガティブな感情を生起させる場合があったので，前者を「ポジティブ」，後者を「ネガティブ」とした。

ⅳ：**相互作用ストラテジー**　この "かかわり" は，保育者が同年代の保育者

や同僚保育者と保育実践の在り方について相談したり，話し合ったりと新たな保育実践の実現のために支え合ったりする中で成立している。このストラテジーは，他者と保育者の間に会話をしたり，協働したりと，双方向的な"かかわり"が見られたため，「相互作用ストラテジー」とした。さらに，この「相互作用ストラテジー」では，相互作用の過程で保育者と他者が同じ感情を共有していく場合と，相互作用そのものの価値の高さを示した場合があった。そこで，前者を「感情共有的」，後者を「実践協働的」と位置づけた。

(5) カテゴリー間の比較

　次に，357件の自由記述を，先に示した 5 つの"他者"カテゴリーと，4 つの"かかわり"のカテゴリーに分類した。そして，Java-Script STAR ver2.06j を用いて，"他者"（5）×"かかわり"（4）の χ^2 検定を行い，それぞれの場にいる"他者"に対する"かかわり"の特徴をつかもうと考えた。残差分析の結果を Table 32 に示す。

　分析の結果，"かかわり"ストラテジーの分類別の"他者"比較に有意に偏りが見られた（ $\chi^2(12) = 57.349$, $N = 361$, $p < .01$ ）。そこで，残差分析を行った結果，【 i ：徒弟制ストラテジー】では「b. 保育実践を共有する他者」，【 ii ：教授ストラテジー】では，「e. 地域外で保育実践を共有する他者」，【 iii ：コ

Table 32　各"他者"における"かかわり"別　残差分析結果

カテゴリー	評点	a. プライベート	b. 保育実践共有	c. 保育実践周辺	d. 地域共有	e. 地域外保育共有	合計
i 徒弟	実測値	37	38	5	2	7	89
	期待値	31.7	25.2	12.7	9.2	10.2	
	残差	1.5	3.3**	−2.7**	−2.9**	−1.2	
ii 教授	実測値	46	32	7	16	20	121
	期待値	43.0	34.2	17.3	12.5	13.9	
	残差	0.8	−0.9	−3.2**	1.3	2.2*	
iii コミットメント	実測値	23	15	17	7	11	73
	期待値	24.5	19.5	9.9	7.2	7.9	
	残差	−0.7	−1.8	2.5*	−0.2	1.1	
iv 相互作用	実測値	21	20	22	12	3	78
	期待値	27.7	22.1	11.1	8.1	9.0	
	残差	−1.7	−0.8	4.0**	1.7	−2.4*	

*$p < .05$　**$p < .01$

ミットメントストラテジー】と【iv：相互作用ストラテジー】では，「c. 保育
実践の周辺を共有する他者」が多いことが示された。一方，【i：徒弟ストラ
テジー】では「c. 保育実践の周辺を共有する他者」と「d. 地域を共有する
他者」，【ii：教授ストラテジー】では「c. 保育実践の周辺を共有する他者」，
【iv：相互作用ストラテジー】では，「e. 地域外で保育実践を共有する他者」
が少ないことが示された。

(6) 考察 i

　研究 i では，自由記述をもとに，保育者が自らの保育実践に影響を与えた他
者とのかかわりについて，保育者が5つの場にいる "他者" と，4つの "かか
わり" ストラテジーを用いていることを明らかにした。そして，この2つのカ
テゴリーを用いて，自由記述361件を分類し，χ^2 検定を行った。その結果，
"かかわり" ストラテジーごとの "他者" カテゴリー比較において，有意に偏り
があることが示された。以下，その偏りから得られた5つの場の "他者" に対
して，保育者が4つの "かかわり" ストラテジーの選択理由に関する考察であ
る。

(7) 保育実践を見て学べる身近な他者の存在とかかわり

　【i：徒弟制ストラテジー】では，見て学ぶことが基本となるため，日常的
に一緒に保育実践に携わる同僚保育者や園長などの「b. 保育実践を共有する
他者」が有意に多く，直接的に互いの実践を見ることがない立場にいる「c.
保育実践の場周辺の他者」や，そもそも保育実践と普段はかかわりのない「d.
地域を共有する他者」は有意に少ないという結果が得られたと考えられる。つ
まり，この【i：徒弟制ストラテジー】は，保育実践の場で保育者と物理的に
近い距離に存在し，接触する機会の多い他者に対して用いられるかかわりと考
えられ，ストラテジーの選択にあたってはその物理的な距離や接触頻度などが
影響を与えると考察できる。

(8) 専門的な知識を得るための他者とのかかわり

　次に，【ii：教授ストラテジー】では，講演を聞いたり，著書を読んだりし
て専門的な知識や技能の指導や助言をもらったことが自らの保育実践に影響を
与えた他者とのかかわりについて記述が多く見られた。そのため，より保育に
関して専門的な見識をもった著名な研究者や先進的な保育実践をしている幼稚

園の保育者などの「e. 地域外で保育実践を共有する他者」が有意に多く，知識や技能を「教える‐教わる」関係が成り立ち難い「c. 保育実践の場周辺の他者」が有意に少なくなったと考えられる。すなわちこの【ⅱ：教授ストラテジー】は，物理的な距離が遠いが，保育実践に関して高い専門性を持った他者に対して用いられるかかわりと考えられ，このストラテジーの選択にあたっては他者が持つ保育に関する専門性が影響を与えると考えられるのである。

(9) 保育における感情を共有できる他者の存在とかかわり

　他者との物理的な距離や接触頻度がストラテジー選択に影響を与えていることが示された一方で，【ⅲ：コミットメントストラテジー】と【ⅳ：相互作用ストラテジー】では，同じ園で勤める同僚には身近すぎて話せないような悩みを話したり，家族には話しても共感してもらえないような保育への自分の思いを語り合ったりするかかわりが記述に多く見られた。そのため，この２つのストラテジーでは，研修会などで知り合った同じ地域の保育園・幼稚園に勤めている同年代の保育者や，主任や研究担当など同じ職位の保育者などの「c. 保育実践の場周辺の他者」が有意に多かったと考えられる。すなわち，この【ⅲ：コミットメントストラテジー】と【ⅳ：相互作用ストラテジー】では，同じ園ではなく別な園で，保育者という立場で思いや悩みなどの感情を共有できる他者に対して多く用いられると考えられ，これらのストラテジーの選択に当たっては保育者と他者の間に保育実践に対する感情の共有の度合いが強く影響を与えていると考えられるのである。

第3節　他者とのかかわりの意味づけ

(1) 目的と分析方法の選定

　研究ⅰにおいて，保育者が他者の属する組織や地域，職位，年齢など社会的な状況の差異に応じて，４つの"かかわり"ストラテジーを方略的，適応的に用いて他者と関係性を構築していることを示した。そこで，研究ⅱでは，保育者が方略的，適応的に用いている他者とのかかわりに対してどのような意識やイメージを持っているのか，その意識やイメージの構造を明らかにすることで，保育者が他者とかかわることをどのように意味づけているのか考察することを

目的とする。

　そのため，本研究では，さらに研究iiとして，内藤（1997）が被面接者個人のスキーマをクラスター構造（デンドログラム）によって全体的に理解し，類型化することが可能で，かつ被面接者個人の現象世界を間主観的に解釈することができると示したPersonal Attitude Construct分析（以下PAC分析，内藤，1997）が本研究に最も適していると考えた。PAC分析を用いた先行研究においても，育児をする母親を取り巻くインフォーマルな人々とのかかわりとその機能（金，2007）や，個人が抱く家族へのイメージに関する研究（小岩，2006），母親と学校とのかかわり（小倉，2011）など，研究対象者と他者との関係する際に生じる意識やイメージ，態度などその関係の意味を明らかにする研究においてPAC分析が用いられている。

(2) 研究対象者の選定

　研究対象者の選定については，「公立・私立」「幼稚園・保育所」，経験年数，以上3項目の属性を設定した。また，経験年数については初任期（採用から4年），中堅期（満5年から満15年），熟練期（満16年以上）以上3群に分類した（西山，2006）。しかし，予備調査において，初任期の保育者から得られた発想項目が5項目以下と少なかったので，PAC分析を実施することができなかった。そのため，初任期の保育者は研究対象者から外した。それぞれの園から2名の保育者を研究対象者として抽出し，一覧をTable 33に示す。

(3) 分析の手続き

　本研究では，内藤（1997）が示した手続きに基づき，①本研究の目的に沿った刺激文を用いて，自由連想を被面接者に対して行い，思いついた言葉をカードに記入する。保育者として採用されてからこれまでの経験を研究対象としたため，刺激文は「あなたが保育者として採用されたからこれまで，自分の保育実践に影響を与えた他者とその他者とのかかわりについて思い浮かんできたこ

Table 33　研究対象者一覧

	公立幼稚園		私立幼稚園		公立保育所		私立保育所	
中堅期	保育者A	12年	保育者C	15年	保育者E	14年	保育者G	11年
熟練期	保育者B	35年	保育者D	32年	保育者F	35年	保育者H	29年

とを，思い浮かんだ順に番号を付けてカードに記述してください」とした。②カードに記述された言葉を，面接者が記述した項目を連想順位に一覧にまとめて，カード一つひとつを比較させて，重要順位に並べ変えた。③さらに，項目間の類似度評定を行った。③類似度距離行列によってクラスター分析（ウォード法・ユークリッド平方距離）を行う。④クラスター分析の結果をデンドログラムとして示し，クラスター構造についての被面接者の解釈やイメージを聞く。⑤面接者による総合的な解釈を行った。クラスター分析には「Let's Stat! ver1.3」を用いた。面接は平成25年10月から平成26年1月まで，一人あたり1時間30分から2時間程度行った。

結果と考察

(1) PAC分析の結果

　以下，PAC分析の結果と考察である。図の左端の（＋/−）は各項目に対するポジティブ／ネガティブなイメージを示すが，本研究では，すべての項目がポジティブなイメージであった。図中の「H1：」はクラスターの名前で，いくつかの項目を包含した言葉となっている。PAC分析の結果，保育者の他者

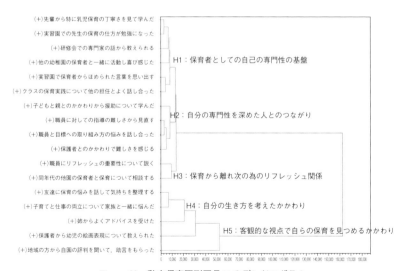

Figure 29　私立保育園副園長Hのデンドログラム

とのかかわりの意識の構造を明らかにした。そこで，本研究では，とくにその構造が明確に現れた熟達期の保育者3名のデンドログラム（Figure 29，30，31参照）とクラスター構造の解釈，イメージの報告の概要を以下に示す。

H 1：保育者としての自己の専門性の基盤　保育士としての基礎，学校で習ってきたこと以外を教えてくれた方々。自己の保育者としての基礎，基盤となったかかわり。

H 2：自分の専門性を深めた人とのつながり　さらに自分の専門性を高めてくれた経験。発達障害や絵本などの専門的な知識を増やす上で，きっかけとなったかかわり。

H 3：保育から離れ次の為のリフレッシュ関係　保育者として成長するときに，リフレッシュすることの大切さ。それが次の自分の成長につながることを自分に教えてくれたかかわり。

H 4：自分の生き方を考えるかかわり　保育という仕事をしていく上での，自分の生き方を考えるきっかとなるかかわり。

H 5：客観的な視点で自らの保育を見つめるかかわり　客観的に自分を見てくれる他者からの助言をくれる。客観的な視点を与えてくれるかかわり。

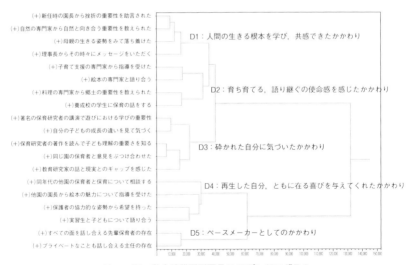

Figure 30　私立幼稚園副園長 D のデンドログラム

　D1：人間の生きる根本を学び，共感できたかかわり　生き方の信念を持っている方々に私が共感できたかかわり。生きる姿に人間としての根本を見出した。

　D2：育ち育てる，語り継ぐの使命感を感じたかかわり　与えられている自分の力，自分がもっている知識を伝えることの使命感からくるかかわり，バトンタッチする喜びを得られるかかわり。

　D3：砕かれた自分に気づいたかかわり　自分自身がこれでよいと思ってしまう。既成概念にとらわれてしまう自分を砕き，新しい視点を与えてくれたかかわり。

　D4：再生した自分，ともに在る喜びを与えてくれたかかわり　再生するポイントをもらった自分，一緒に保育実践をすることでともにその喜びを感じるかかわり。

　D5：ペースメーカーとしてのかかわり　一人では保育はできない。私にとって強力な協力者。ストップ＆ゴーを教えてくれる。

　F1：保育を考える上でのベース　自分が保育士として，仕事をしていく，保育実践をしていくために必要とされるベースとなる人たち。

　F2：保育者自身の視野を広めるかかわり　自分の保育実践の視野を広げて

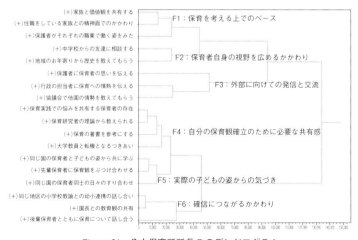

Figure 31　公立保育所所長 F のデンドログラム

くれる人々。A1のベースの上に，自分の保育実践に対して新しい視点をくれ
る。アイディアや助言をしてくれる人々。

F3：外部にむけての発信と交流　自分の保育実践について，自分から外部
に向かって発信していって，そこでつながる人たちとの交流。

F4：自分の保育観確立のために必要な共有感　実践を積み重ねていくこと
で，自分の中に一つひとつ積み重ねて，自分らしい保育観を確立していく際に
かかわった人たち。

F5：実際の子どもの姿からの自分の保育へ気づき　実際の子どもの姿や自
分自身の姿を振り返ることで，自らの保育実践に足りない部分に気づく，その
振り返りのスタート地点においてかかわる人々。

F6：確信につながるかかわり　この人々とのかかわりの中で自分の保育実
践の良さや適切さを確信しながら，保育実践に生かしていった。さらに，確信
している保育実践をさらに活用していく使命感を感じ取ったかかわり。

(2) KJ法によるクラスターの分析

　PAC分析によって，それぞれの保育者が多様な立場の他者との，さまざま
なかかわりをどのように捉えているのか，その意識の構造を明らかにすること
ができた。しかし，これらの構造はあくまでも個人内の構造にすぎない。そこ
で，PAC分析の連想項目のクラスター全42件と，それに対する研究協力者の
クラスターへの解釈をもとに，経験年数20年以上の保育者3名とともに他者と
のかかわりに関する意識の共通点をKJ法によって分類し，分析しようと考え
た（川喜田，1967）。

(3) 他者とのかかわりを捉える3つのカテゴリー

　その結果，全クラスター41件を，保育者が他者とのかかわりと【ⅰ：保育実
践の基盤となる他者とのかかわり】（11件），【ⅱ：保育実践の確立とその維持
にかかわる他者】（14件），【ⅲ：保育観の変容にかかわった他者】（16件）の3
つに分類した。さらに，これらのかかわりの"意味"カテゴリーをさらに【①
プライベート】【②信念の形成】【③確立と維持】【④自信と共感】【⑤疑問と課
題】【⑥展望の獲得】と6つに小分類した（Table 34）。本来ならば全員分のク
ラスターと解釈を示さなければならないが，今回は紙面の都合上，PAC分析
の結果を示した研究協力者B，D，F，Hの4名のクラスターのみを記述した。

Table 34 KJ法による他者とのかかわりの "意味" カテゴリー

		保育者それぞれのクラスターの解釈	"他者" カテゴリー (a-e) "かかわり" カテゴリー (i - iv)
Ⅰ：保育実践の基盤（11）	①プライベート	F1：保育を考える上でのベース	aⅳ.家族，aⅳ.家族，bⅰ.保護者
		H4：自分の生き方を考えるかかわり	aⅲ.友人，aⅳ.家族，aⅱ.姉，bⅰ.保護者
		H3：保育から離れ次の為のリフレッシュ関係	bⅱ.同年代，bⅱ.同園
	②信念の形成	B3：自分のスタート地点	bⅰ.先輩，bⅲ.先輩，bⅳ.育った地域の住民
		D1：人間の生きる根本を学び，共感できたかかわり	bⅱ.園長，dⅱ.他業種，aⅲ.母，bⅰ.理事長
		D5：ペースメーカーとしてのかかわり	bⅳ.先輩，bⅳ.主任
Ⅱ：保育実践の確立とその維持（14）	③確立と維持	B4：相手を受け入れる気持ち	aⅱ.自分の大学教員，bⅱ.園長
		F4：自分の保育観確立のために必要な共有感	bⅳ.同園，eⅱ.研究者，eⅱ.研究者，cⅳ.同地域大学教員
		F3：外部にむけての発信と交流	bⅱ.保護者，dⅱ.他業種，cⅱ.同地域他園
	④自信と共感	D4：再生した自分，共に在る喜びを与えてくれたかかわり	bⅳ.同年代，cⅱ.同地域保育者 eⅲ.他地域園長，bⅲ.保護者，bⅳ.実習生
		F6：確信につながるかかわり	cⅳ.小学校，bⅳ.園長，bⅳ.後輩
		H1：保育者としての自己の専門性の基盤	bⅰ.先輩，aⅰ.実習担当，eⅱ.研究者，cⅲ.同地域他園，aⅲ.実習担当，bⅳ.同園
		H5：客観的な視点で自らの保育を見つめるかかわり	dⅱ地域住民
Ⅲ：保育観の変容（16）	⑤疑問と課題	B2：自分の中の新たな課題	bⅱ.先輩，dⅰ.地域住民，dⅰ.他業種，bⅱ.保護者
		B5：保育の中で生じるギャップを埋める	eⅱ.他地域園長，bⅱ.同園調理師，dⅱ.他業種，bⅱ.先輩，dⅱ.他業種，bⅱ.先輩
		D3：砕かれた自分に気づいたかかわり	eⅱ.研究者，bⅳ.同園，eⅱ.研究者，bⅰ.子ども
		H2：自分の専門性を深めた人とのつながり	bⅰ.保護者，bⅰ.同園，bⅳ.同園，bⅲ.保護者
	⑥展望の獲得	B1：自分の意識の変化	bⅱ.先輩，bⅱ.園長，dⅱ.他業種
		D2：育ち育てる，語り継ぐことの使命感を感じたかかわり	dⅱ.他業種，dⅳ.他業種，dⅱ.他業種，cⅱ.大学生
		F2：保育者自身の視野を広げるかかわり	aⅱ.友人，dⅱ.地域住民
		F5：実際の子どもの姿からの自分の保育への気付き	bⅳ.子ども，bⅳ.先輩，bⅳ.同園

以下，KJ法で明らかになった3つの“意味”カテゴリーそれぞれへの考察である。

　Ⅰ：**保育実践の基盤となる身近な他者**　まず，自らが日々生活を営み，保育者として働く上で生じる多くの家事の問題や多様な悩みを解消してくれる他者とのかかわりを，保育を実践する上での基盤として意味づけており，これらを【Ⅰ：保育実践の基盤】と分類した。その中で，保育実践の場ではなく，家庭や地域などのプライベートな場において保育者として働きつづける際の支えとなってくれた他者とのかかわりを【①プライベート】とした。また，同じ園に勤務している保育者で自分が初任のころからかかわりがあり，自分の保育実践に関する【②信念の形成】に影響を与えた他者の存在が示された。

　Ⅱ：**保育実践を共有する他者による確立と維持**　次に，保育者が経験を積んでいく中で自らの保育実践の在り方を構想して，それを確立し，維持していく際にかかわった他者とのかかわりを【Ⅱ：保育実践の確立とその維持】として意味づけていることが示された。そして，その中で，自分らしい保育実践の在り方やそこで自分に求められている専門性について共に考え，保育実践の【③構想と確立】にかかわった他者と，その保育実践を発信したり，他の保育者と交流したりする中で，自分の保育実践についての【④自信と共感】を生み出した他者が存在することが示された。

　Ⅲ：**保育観を変容させた他者**　最後に，保育者が保育実践の中で気づきや新たな視点を得た他者とのかかわりを，自らの保育観の変容の機会として意味づけていることが示され，これらを【Ⅲ：保育観の変容】として分類した。この分類の中には，他者とかかわることで自らの保育の在り方に【⑤疑問と課題】を感じた場合と，自分の中に新たな視点や視野の広がりによって，自らの保育観に新たな【⑥展望の獲得】を得た場合の2つの小分類が示された。

(4)　“意味”カテゴリー間の比較

　さらに，研究協力者全ての全クラスター41件を構成する全133項目を，“意味”カテゴリーごとに“他者”カテゴリーと“かかわり”カテゴリーに分類し，意味カテゴリー（3）×他者カテゴリーと（5）と意味カテゴリー（3）×かかわりカテゴリー（4）の χ^2 検定を行い，Table 35とTable 36にまとめた。

　その結果，意味カテゴリーごとの他者カテゴリー間の比較に関しては有意に

Table 35　意味カテゴリーごとの他者カテゴリーの数

カテゴリー名	a. プライベート	b. 保育実践共有	c. 保育実践周辺	d. 地域共有	e 域外保育共有	合計
Ⅰ：保育実践の基盤	15 6.8 4.093**	13 13.3 0.035	0 2.0 −1.641	1 4.4 −2.061*	0 2.6 −1.918	29
Ⅱ：保育実践の確立とその維持	12 12.6 −0.245	21 24.8 −1.193	6 3.7 1.649	8 8.1 −0.255	7 4.9 1.311	54
Ⅲ：保育観の変容	4 11.7 −3.241**	26 22.9 1.239	3 3.4 −0.273	12 7.5 2.015*	5 4.5 0.305	50

*$p<.01$．　**$p<.05$

Table 36　意味カテゴリーごとのかかわりカテゴリーの数

	ⅰ：徒弟	ⅱ：教授	ⅲ：コミットメント	ⅳ：相互作用	合計
Ⅰ：保育実践の基盤	4	10	4	11	29
Ⅱ：保育実践の確立とその維持	7	20	9	18	54
Ⅲ：保育観の変容	7	28	2	13	50
	18	58	15	42	133

偏り（$\chi^2(8, N=133)=28.166$, $p<.01$）が見られた。よって，残差分析を行った結果，【Ⅰ：保育実践の基盤】では，「a. プライベートな場を共有する他者」が多く，「d. 地域を共有する他者」が少ないことが明らかになった。さらに【Ⅲ：保育観の変容】では，「a. プライベートな場を共有する他者」が少なく，「d. 地域を共有する他者」が多いことが明らかになった。また，【Ⅱ：保育実践の確立とその維持】には有意な差が見られなかった。

　次に，"意味"カテゴリー別の"かかわり"カテゴリー比較に関しては，すべての項目間に有意な差は見られなかった（$\chi^2(6, N=133)=28.166$, ns）。

(5) 考察ⅱ

　PAC 分析の結果から，保育者が他者とのかかわりを 3 つの層で意味づけていることが示された。そして，χ^2検定の結果，"意味"カテゴリーごとの"他者"カテゴリー間の比較において有意な偏りがあり，一方で，"意味"カテゴ

リーごとの“かかわり”カテゴリー間の比較では有意な差が見られなかった。これら2つの検定結果から，保育者の他者とのかかわりの意味づけにおいて，かかわりの対象となる他者の場によってその差異が生じると考えられる。そこで，本章では，その意味づけの特徴から，その理由について考察を行う。

(6) 日常生活における接する頻度の重要性

　Table 35を参照すると，【Ⅰ：保育実践の基盤】と意味づけられているかかわりでは「a. プライベートな場を共有する他者」が有意に多いことが示された。クラスターの項目を見ると，【①プライベート】だけでなく【②信念の形成】においても，家族や近所の住民が自らの保育観の基盤形成に影響を与えていることが記述されていた。ゆえに，日常的に物理的に近い距離におり，家庭や地域など生活で接する頻度が高い家族や友人との日常的なかかわりが，保育者としての生き方や信念の基盤となると考えられるのである。

(7) 他業種の他者

　また，【Ⅲ：保育観の変容】では「d. 地域を共有する他者」が有意に多いが，クラスターの項目を見ると，【⑤疑問と課題】と【⑥展望の獲得】のいずれにおいても，同じ地域の他業種の専門家や地域住民の実践を見たり，話を聞いたりしたことで自分の保育実践を変容させた経験が多く示されている。すなわち，保育者がこれまで持っていた既存の保育観を変容させ，新たな視点で保育実践に取り組めるようになるためには，同じ保育実践に携わる他者よりも，同じ地域に生活をともにしながらも業種が異なる他者の実践や対話が重要であると考えられるのである。

第4節　保育実践コミュニティの主体的・偶発的な再構成

　研究 i の結果，保育者が5つの場の“他者”と4つの“かかわり”ストラテジーを用いてかかわっていること，そして“かかわり”ストラテジーごとの“他者”間の比較からその偏りを明らかにした。そして，その偏りをもとに保育者が自らの保育実践に影響を与える他者との“かかわり”を選択する際に，（1）実際に保育実践を見て学べる身近さ，（2）保育に関する高い専門的な知見，（3）保育を通して感情を共有できる度合い，以上3つの要因をもとに他

者へのかかわり方を方略的，適応的に選択していることを明示した。

　さらに，研究 ii では，保育者が他者とのかかわりを３つの“意味”カテゴリーで捉えおり，“意味”カテゴリーごとの“他者”カテゴリー間の偏りを明らかにした。そして，その偏りから，保育者が他者と（４）家庭や地域での私生活において日常的にかかわることが保育実践の基盤となり，（５）同じ地域において保育以外の他業種で働く地域住民や専門家の実践や対話によって保育実践の変容が生み出されていることが示された。また，同時に（６）“意味”カテゴリーごとの“かかわり”カテゴリーには偏りが見られないことから，保育者が他者とのかかわりを意味づける際に，かかわりの在り方よりも他者の場に応じてその意味づけを行っていることを明らかにした。

　本章では，研究 i と ii から得られた保育者と他者とのかかわりと，その意味づけの特徴をもとに，保育者の専門性育成について総合的に検討を行う。

(1) 主体的に実践コミュニティを再構築する力

　本研究の成果（２）と（５）では，著書を読んだり，講演や話を聞きに行ったりすることで，保育実践や他業種の実践で高い専門性や異なる視点を持つ他者に対して，保育者が自発的，主体的にかかわりを持つことが示された。そして，その自発的なかかわりによって自らの保育実践に疑問や課題を感じ，さらには将来の展望を得ることで，これまでの保育実践を変容させる体験として意味づけていることが示唆された。都筑（1993）は，成人期において現在という場において将来を展望し，過去を意味づけ直すことをレヴィン（Lewin, 1951）が示した「時間的展望（time perspective）」の概念で説明し，成人期の発達において未来への時間的展望をつくることの重要性を示唆している。さらに，都筑（1993）は時間的展望とアイデンティティ形成との関連性を指摘している。つまり，保育者にとって，高い専門性を持つ他者とのかかわりは将来の保育実践への時間的展望を得る経験を促して，保育者のアイデンティティの形成に影響を与える重要な経験であると考えられるのである。

　また，他者とのかかわりとアイデンティティ形成の関連性については，レイヴ（Lave, 1991）が特定の実践における熱意を持った人々の自発的なつながりを「実践コミュニティ（実践共同体：Community of Practice）」と定義し，職業的なアイデンティティ形成と関連することを示唆している。そして，この

実践コミュニティを形成することの重要性については，教師教育の領域におい
て，佐藤（1996）は，教師集団が学校内外の専門家や地域の人々など多様な他
者とのネットワークの中核となり，学校の内側に「同僚性」と「自律性」を構
築するために，教師たちによる学びの共同体を構成する主体となる力を教師の
専門性として示している。さらに，保育者の領域においても，佐伯（2000）が，
保育者の話し合いが定型化されたナラティブにならないためにも，「新しいタ
イプの保育者」を歓迎し，育てる意識を持つことで保育者が所属する実践コ
ミュニティを自発的に発展させることの重要性を示している。すなわち，保育
実践や他業種において高い専門性や異なる視点を持つ他者と保育者が自発的，
主体的にかかわることで，自らの実践コミュニティを再構成させ，変容させて
いく力量は保育者の専門性を育成していく上で重要であると考えられるのであ
る。

(2)　偶発的に出会った他者との実践コミュニティ

　本研究の成果（1）と（4）から，保育者が身近にいる親や友人，同じ園に
勤める同僚の保育者とのかかわりから見て学んだり，保育実践の基盤を形成し
たりとそれらの人々を重要な他者として認識していることが示された。身近に
いる他者が与える影響についてセルツァー（Seltzer, 1989）は，親や友人な
どの身近な他者から得られる自分への認識が，青年期の自己形成に与える影響
の大きさを示し，とくに，安達（1994）は，信念・理念の形成や葛藤の解決，
自己の安定にかかわる他者として，友人や父母を重要であることを明らかにし
ている。

　さらに，本研究の（3）では，同じ地区で保育実践に携わる保育者と保育実
践について悩みを相談したり，おもいを話し合ったりすることで感情を共有す
る他者とのかかわりが示された。この感情の共有についても，リーメら（Rimé
et al., 1998）が，人が感情を他者と社会的に共有することで，経験を明確化
したり，論理的思考を組み込んだり，信念を回復したりすることを挙げている。
つまり，保育者が身近にいる家族や友人と日常的にかかわりや同じ地区の保育
者とのかかわりは，保育者の信念の形成や葛藤の解決，論理的な思考など保育
実践を営む上での基盤を強化する上で重要であると考えられるのである。

　前節では，保育者が自らの意思で他者の著書を読んだり，講演に参加したり

と主体的にかかわることで実践コミュニティを変容させ，その専門性を育むことを示した。しかし，成果（4）で示した家族や地域の住民など生活の場をともにする身近な他者とのかかわりは，全ての人が自分の生まれる家族を選択できないことから理解できるように，保育者の意思だけで全ての他者とのかかわりをコントロールすることはできない。成果（1）で示した同じ園の見て学べるような保育者についても，どの園に就職するかは選択できるが，どの保育者と同じ学年やクラスを一緒に担当するかまでは選択できない。つまり，保育者の実践コミュニティの再構成や変容は，保育者の意思によって主体的にコントロールできるものだけではなく，たまたま出会った他者達との実践コミュニティの中で偶発的に再構築される側面もあると考えられるのである。ナンシー（Nancy, 1999/2001）は，個人と共同体の関係性の在り方について，個人が集まることで共同体となるのではなく，共同体がむしろ個人性を構成するという新たな共同体の在り方を示し，それを「無為の共同体（L'Impératif catégorique）」という言葉で表した。このことから，保育者の実践コミュニティの再構築が保育者の意思によって意図的に再構築していく側面と，偶然に出会った他者たちの実践コミュニティによって再構築が促されるという「無為の共同体」的な側面があり，二面性を持つ実践コミュニティの再構築の過程で保育者は職業的なアイデンティティや信念を形成し，専門性を育成していると考えられるのである。

第6章　総括考察

　研究 A，B，C，D では，保育者の専門性について 2 つの専門家モデルから
捉えた研究がなされてきた現状に対して，保育者の自己形成に焦点を当て，そ
の専門性を捉えるために保育者の自己形成プロセスを（A）保育者アイデン
ティティ，（B）保育者の転機，（C）保育者効力感，（D）実践コミュニティの
再構築の視点で明らかにすることで，現代社会に生きる保育者に求められる専
門性について検討を行うことを目的として示した。

　そして本章では，研究 A，B，C，D の成果として明らかにされた現代社会
における保育者の自己形成プロセスについて，（A）GTA による保育者アイデ
ンティティの形成過程の概念図（Figure 2），（B）SCAT によって得られた対
話的自己論（DS）に基づいた保育者の自己形成プロセス図（Figure 9，10），
（C）保育者効力感の変化と保育者の成長の TEM 図（Figure 18～27），（D）
保育者に影響を与えた“他者”カテゴリー（Table 30）を総括し，後述する
「発生の三層モデル」（Three Layers Model of Genesis：以下 TLMG）を作成
し，現代社会における保育者の自己形成プロセスを明らかにすることで，現代
社会に求められる保育者の専門性について総合的に考察していく。

第1節　発生の三層モデルによる保育者の自己形成プロセス

第1項　TEM・GTA・DS の関係性

（1）TEM と GTA の関係

　サトウ（2）は，TEM012 が分析のための等至点や分岐点，必須通過点など
の概念ツールを豊富に持つことを示した。そして，GTA・KJ 法と TEM の違
いについて，GTA・KJ 法が概念間の構造やプロセスの構造を発見するための

手順的で明確にするための枠組みであるのに対して，TEM がプロセスを明確
に記述することが可能であることを示し，この両者の特徴を把握した上で併用
することの意味を示唆している。木戸（2012）は，化粧行為に関する研究にお
いて，TEM をすぐに用いるのではなく，まずサンプリングした言語データを
用いて KJ 法を行い，その言語データの内容の構造を把握した上で，個人の化
粧行為が形成され，変容する過程を捉えるために TEM を用いることを判断し
ている。つまり，研究 A（GTA）によって保育者の成長過程における自己形
成プロセスの構造を明らかにすることが可能となり，さらに研究 C（TEM）
と総括して考察することで，構造を踏まえた上で個人の経験や出来事における
詳細な変容プロセスを明らかにすることが可能となると考えられる。

(2) TEM と DS の関係

　さらに，TEM と DS の関係性に関しては，サトウ（2009）は「つまづきを
感じた時に自己との対話が始まる」と述べ，未来の不確かな可能性の結果とし
て DS が生じる可能性を示唆した。そして，TEM 図の分岐点のように不定状
況における内的な対話を DS という形で提示することが可能であることを示唆
した（サトウ，2012）。例えば，廣瀬（2010）は，カルト脱会者の心理過程に
関する研究において，GTA と TEM，DS の 3 つを参照し，トライアンギュ
レーションを行った。そして，GTA ではカルトを脱会する際に 7 つの心理的
段階を経る構造を明らかにし，TEM では，このプロセスにおいて社会的方向
付けが強く影響を与えること，DS では，心理過程において不定状況において
異なる役割が自分に求められることで，異なる役割としての自己を新たなポジ
ションとして得ることで自己を変容させ，自らの体験を肯定的，否定的に捉え
ていることが明らかにした。つまり，研究 B（DS）によって研究 C（TEM）
における分岐点のような不定状況における自己の内的過程を明らかにすること
が可能となると考えられるのである。

第 2 項　複線径路・等至性アプローチによる総括考察

(1) アプローチとしての TEA

　サトウ（2012a）は，TEM を単独の質的な分析技法としてだけではなく，
HSS というサンプリング方法論，変容プロセスを理解・記述するための理論

として TLMG の 3 つを併せて，文化とともにある人間を描くアプローチとして「複線径路・等至性アプローチ（Trajectory Equifinality Approach：TEA）」を提唱している。そこで，サトウ（2012a）は，研究対象となる現象が等至点として設定されることで，その等至点となる現象を経験した人を研究対象としてサンプリングする手法を歴史的構造化サンプリング（HHS）として示した。そして，その研究対象者が等至点として設定した現象を経験するまでのプロセスを複線径路・等至性モデル（TEM）にある必須通過点，社会的方向づけなどの概念ツールを用いて分析することで人間の文化化の過程を記述することが可能であることを示した。そして，さらに発生の三層モデル（TLMG）を用いることで，人が TEM 図で示した分岐点においてどのように思考するのか，その心理過程の仮説モデルを構成することが可能であると述べている。

(2)　総括考察で TLMG を用いる意義

　サトウ（2012b）は，個人が特定の経験を実現するまでに，その経験に至る分岐点となる経験をしており，その分岐点では外界と相互作用し，価値観などが変容しつつ径路選択が行われているという考えを示し，その分岐点での変容プロセスを捉えることの重要性を示した。そこで，本研究では，HHS によってサンプリングしたデータを分析した研究 A と研究 B，研究 C の知見をもとに，保育者の自己形成が発生したプロセスについて TLMG を用いることによってその自己形成プロセスの心的メカニズムに関する仮説モデルを構成する。この仮説モデルによって，TEM 図で分岐点として示された，保育者が不定状態に置かれた経験において保育者がどのような心理的な課程を経て自己形成していったのかその心理的な変容プロセスの詳細を明らかにし，さらに，このモデルから現代において保育者に求められる専門性について検討を行おうと考えた。

第 3 項　発生の三層モデル（TLMG）とは

(1)　発生の三層モデルの用語説明

　本項では，ヴァルシナー（2007）が，文化・記号・人間の行為における心的メカニズムの変容を総合的に理解・説明するモデルとして示した TLMG につ

いて説明する。サトウ（2012）は，「開放系としての人間が，記号を媒介として外界と相互作用する際のメカニズムを3つの層として仮説的に考える」と述べ，文化心理学の立場から人が文化や社会との相互作用の中で外界から記号を取り入れるメカニズムとして発生の三層モデルを示した。廣瀬（2012）は，TLMGのこの3つの層について「個別活動レベル」，中間層の「記号レベル」，最上層の「信念・価値観モデル」と示した。そして，「個別活動レベル」では，日常におけるさまざまな行動，感情，思考が立ち現れ，それらを意味づける記号が「記号レベル」で発生すると述べ，普段の行動ではその記号は「信念・価値観レベル」の手前でとどまる（矢印A）と示した。しかし，まれに「信念・価値観レベル」の層にまで記号が至る場合があり，個人の価値観を変える場合もあり，そうした記号による変容が分岐点での選択肢の決定の基盤となると示した（サトウ，2012b）。

とくに，「信念・価値観レベル」に影響を与え，「個別活動レベル」での人の行動や感情，思考を大きく変容させる場合（矢印B）が存在する。中間層「記号レベル」に至り，価値の変容を媒介する現象や記号を「促進的記号（Promoter Sign：以下PS）」と定義した。

第2節　TLMGの構成と総括考察

本節では，まず，研究A，B，Cの成果を総括しTLMGを構成し，保育者の自己形成プロセスが発生する心的メカニズムを仮定する。次に，TLMGをもとに，現代社会に生きる保育者の専門性について検討を行う。

第1項　TLMGの構成について

本項では，研究A，B，Cの成果を統括してTLMGを構成した。以下，TMLGの概略である。〈　〉はTLMGで用いられている概念である。

(1) 保育者の自己形成プロセスのTLMGの概略

保育者達は，異動してしばらくすると〈SD・SG異動に関する慣習〉から，自ら〈BFP異動の予感〉を感じ期待や不安を抱くようになる。そして，異動すると想定できる他の保育施設の状況や同僚保育者の情報について知ろうと，

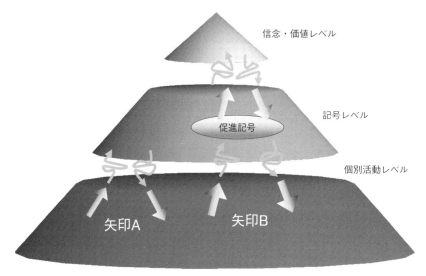

信念・価値レベル

記号レベル

促進記号

個別活動レベル

矢印A　　　　矢印B

Figure 32　発生の三層モデル

〈保育研究会などでの保育者間の情報のやりとり〉を頻繁に行うことで，期待・不安のいずれの感情であっても〈OPP 異動の受容〉に至る。

　実際に〈OPP 移動する〉と，新しい保育施設でそこでの保育実践を行う中で自分が置かれた〈SD・SG 社会的な状況の変化〉を感じ取り，保育者が自ら〈新たな役割・視点〉を持つようになっていく。新たな役割・視点を得ることで，保育者は 5 つの視点で現状の保育実践について〈BFP 問題の認識〉を行う。そして，認識した問題点から保育実践を〈省察〉し，〈新たな気づき〉を得ることで〈OPP 新たな理想とする保育実践を構想する〉。

　新たな保育実践を構想すると，保育者はそれを実現しようと考えるが，〈SD 子育て・介護・家事など家庭での負担〉や〈SD 同僚との関係が悪くなることへの不安〉などを感じ〈BFP 保育者としての葛藤〉を抱き始める。しかし，家族から〈SG 子育て・介護・家事など家庭での支援〉や，同僚との〈関係性の活性化〉によって〈SG おもいをともにする同僚の後押しと配慮〉などを受けて，〈新たな保育実践に挑戦する〉。

　一方で，葛藤が解消されない保育者は新たな保育実践に〈挑戦しない〉ことで，〈これまでの保育実践を踏襲する〉。

(2) 自己形成プロセスにおける促進記号 (Promoter Sign：PS) について

〈BFP 2 問題の認識〉後，保育者がこれまでの保育実践を振り返りながら，新たな気づきを得ていく過程で保育に対する基本的な考え方を変容させ，理想とする保育実践を構想していくことが示された。さらに，〈BFP 3 保育者としての葛藤〉においても，他の保育者とのかかわりの中でより実現可能なものに，理想とする保育実践を修正させていく様子が示された。そこで，「信念・価値観レベル」の層に影響を与える促進記号 (PS) として，〈BFP 2 問題の認識〉と〈BFP 3 保育者の葛藤〉を示した。

第2項　保育者の専門性と時間的展望

(1)　2 つの専門家モデルを包括した視点としての時間的展望

〈BFP 2 問題の認識〉という経験が促進的記号 (PS) となり，保育者が持っていたこれまでの保育についての価値観を変容させ，新たな理想とする保育実践を構想することが明らかになった。

この PS として示した「問題の認識」については，社会的な状況の変化において，自らに課せられた新たな役割や新たな視点によって新たな知識や技能を得たり，知ったりすることがきっかけとなって生じている。そして，現状の保育実践に問題を認識した保育者は，これまでの自分の過去の保育実践を新しい視点で「省察」するようになり，過去の私と新しい私の間で対話的な関係（対話的自己 Dialogical Self：DS）を築くようになる。そして，この対話を繰り返す中でしだいに〈省察〉を深め，〈新たな気づき〉を得ることで将来の展望（時間的展望 Time Perspective：TP）を形成し，新たな理想とする保育実践を構想する。

第 1 章で示したように，保育者の専門性については「反省的専門家」モデルと「技術的熟達者」モデルに二分化されて研究が進められてきた現状がある。しかしながら，本研究では保育者の自己形成プロセスにおいて，この二分化されて示されてきた「新たな知識と技能」と「省察」が連続性を持ち現れることで自己に対話的な関係が生じ，その結果将来の展望を生み出して，新たな理想とする保育実践の構想へと至る過程を明らかにした。すなわち，展望を持つことによって，これまで二分化されて捉えられてきた 2 つの専門家モデルを包括

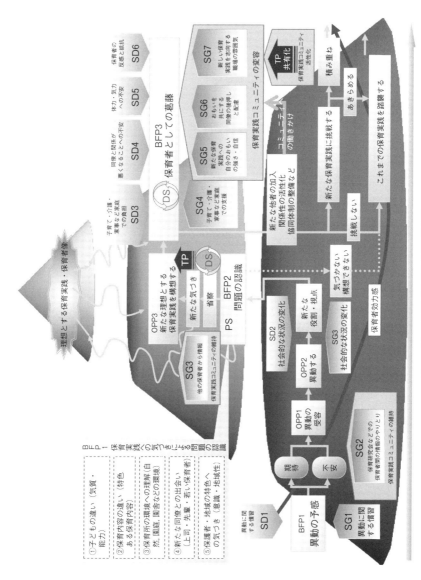

Figure 33　自己形成の発生の三層モデル

した視点で保育者の専門性を捉える可能性を示唆したのである。

(2) 時間的展望による保育者の専門性

　人が展望を持つことについては，レヴィン（Lewin, 1951/1979）は「ある一定の時点における個人の心理学的過去および未来についての見解の総体」と述べ，白井（2002）は「見通し」という言葉を用いて，「時間的展望（time perspective）」という概念によって，将来のことを考えて現在に行動している人と，将来のことをあまり考えずに現在に行動している人との個人差を記述できることを示した。

　さらに，この時間的展望について，白井（2002）はその機能として，将来の目標達成に向けて自らの行動を動機付ける「動機付けの機能」，過去の出来事を意味づけることで受け止め，将来へとつなげようとする「人格的機能」，これまでの行為を意味づけ，これからの共同化機能の3つの機能が存在することを示した。本研究で示した保育者の自己形成プロセスについての TLMG においても，展望を形成，変容させていく過程で，自分の保育実践に対する思いや自信を強めたり，過去の自分の保育実践を振り返ったり，さらに他の保育者と展望を共有させていくことで保育実践コミュニティを活性化させて，自己形成していくことが明らかにされた。つまり，保育者が自らの保育実践について展望をどのような要因によって変容させていくのか，その要因やプロセスを明らかにすることで，急激に変化する現代社会において保育者が危機へと陥らずに，常に展望を持つための方策を保育者の専門性として提供することが可能であると考えられる。

第3項　保育者の専門性を捉える視点としての保育者の保育実践コミュニティ

(1) 保育者効力感の下降と保育実践コミュニティの変容の関連性

　〈BFP 3 保育者としての葛藤〉において，保育者が自ら構想した理想とする保育実践を同僚保育者と関係性を活性化させたり，新たな保育者とかかわったりすることで細かく修正しつつ，より実現可能な形へと変容させている様子が明らかにされた。〈BFP 2 問題の認識〉のときほどダイナミックな変容ではないものの，保育者の信念や価値観に変容が見られたので，促進記号（PS）と位置づけた。

　この PS として示した葛藤の経験において，保育者は自らの保育実践コミュニティに対して新たな他者を加えたり，関係性を活性化させたりするなどの働きかけを行うことで〈保育実践コミュニティの変容〉を促し，その社会的促進（SG）を受けて葛藤を乗り越えて理想とする保育実践に挑戦していることが明らかになった。

　保育者による保育実践コミュニティへの働きかけは，葛藤の段階だけに現れるものではなく，〈BFP 異動の予感〉によって不安が生じ，異動を受容していく過程や，〈BPF 2 問題の認識〉後にこれまでの自分の保育実践を省察し，新たな気づきを得るまでの過程においても保育実践コミュニティに属する同僚から情報を得たりすることで不安を解消していることが明らかになっている。

　さらには，保育実践コミュニティへの働きかけは，理想とする保育実践に挑戦した後も継続され，理想とする保育実践を積み重ねることで「展望の共有化」を行い，保育実践コミュニティを活性化させており，この活性化が次の自己形成に影響を与えていることが明らかにされた。つまり，保育者は自らの保育者効力感を下降させているときに，効力感下降を抑制し，自己形成を促すストラテジーとして，〈保育実践コミュニティの維持〉や〈保育実践コミュニティの変容〉，〈保育実践コミュニティの活性化〉を行っていると考えられるのである。

　また，保育者 A の TEM 図（Figure 18〜27）から，保育実践コミュニティが「維持−変容−活性化」と単純に同じことを繰り返しているだけはない。マクロな視点で捉えると，その構成員の対象を外部の組織の者や地域住民など 5 つの場にいる他者たち（Table 30）へと拡大させたり，公式な研究組織である保育研究会の体制と融合させたりするなど，4 つの"かかわり"ストラテジー（Table 31）を用いて保育者の成長に応じて保育実践コミュニティがより構造化していることが明らかにされた。すなわち，保育者が所属する保育実践コミュニティの構造化を知ることで，保育者の熟達度を捉えることが可能であると考えられるのである。

(2) 保育者の専門性としての保育実践コミュニティへの働きかけ

　保育者の専門性については，多くの先行研究において保育者アイデンティティや保育者効力感のように保育者個人内の発達という枠組みの中で捉えられ，

それを数量化し，比較することで進められてきた。しかし，TLMGから，メゾレベルでは保育者が属する保育実践コミュニティの変容から自己形成プロセスを捉えることができること，マクロレベルでは保育者が所属する保育実践コミュニティの構造から保育者の専門性を捉えられる可能性を示唆した。例えば，ウェンガーら（Wenger et al., 邦訳 2002）は，実践コミュニティの在り方について，持続的な発展の可能性を示しつつも，その発展が順調に進むときは稀で，困難な変遷をたどることが多いことを示した。そして，発展過程に「潜在，結託，成熟，維持・向上，変容」の5つの段階が存在することを示し，それぞれの段階においてコミュニティを継続的に発展させるために求められる働きかけが存在することを示した。つまり，保育者自らが属する保育実践コミュニティを持続的に発展させるためには，保育者がその時々に適切な働きかけを行うことが求められ，その働きかけが現代にいきる保育者に求められる専門性であると考えられるのである。

　保育者AのTEM図（Figure 18〜27）を概観すると，日常的な保育実践の中で，保育実践コミュニティに対して，新しい他者を加入させたり，これまでの関係性を深めたりと働きかけを行っていることが明らかである。さらに保育者は他者とのかかわりの意味を3つのカテゴリーに捉えていることを明らかにした。このような保育実践コミュニティに対する働きかけや，他者とのかかわりへの意味づけの特徴をさらに明らかにすることで，急激に変化する現代社会において自らの保育実践コミュニティをより適したものへと変容させる，より具体的な方策を保育者の専門性として提供することが可能であると考えられる。

第3節　現職教育への新たなる視座

　本節では，総括考察をもとに，今日的課題の一つである少子化，過疎化が進む現代社会にいきる保育者の現職教育の在り方に示唆を行う。

第1項　地域格差と現職教育

　研究Aでは，小規模地方自治体と都市部の大規模地方自治体が置かれている社会的な状況の差異について示した。そして，小規模地方自治体においては，

保育施設の規模によって，それぞれ違う問題や良い効果を生み出すことを示した。つまり，施設の規模によって，保育者が抱いている悩みや不安，葛藤が異なると考えられるのである。しかし，小規模地方自治体での現職者向けの研修会は財政上の都合，時間的な制約もあり，全ての保育施設の保育者を対象として，同じ内容のものが実施される。そのために，その内容は画一的なものになるか，どちらか一方の問題意識でその内容が決定される傾向が強い。例えば，保育者間のカンファレンスやディスカッションなど，保育者間の話し合いの在り方に関する研修内容について考えると，保育者が少なく関係が固定化する傾向の強い小規模施設と，保育者の情報共有が困難な大規模施設では，話し合いの在り方やその方法，注意点が異なると考えられる。また，保育内容に関する研修においても，少人数のために異年齢保育をすることを必然的に求められる小規模施設と，同年齢の関係性に意識の高い大規模施設では，それぞれ志向する保育内容が異なると考えられる。

　少子化による地方自治体の幼保一体化においては，保育施設の大規模化による問題（安藤，2003）やその有効性（手塚，2010）についてはこれまでも指摘されており，社会的にも注目度が高い。しかし，その一方でより小規模化する保育施設や，規模の差の大きい施設間を異動することによって生じる問題に，目を向けられることは少なかった。先に例として示したように，本研究の成果をもとに，施設規模の差異によって生じる保育者の問題意識の差異を考慮し，研修内容や研修体制を整備することの必要性を新たな視座として示唆するものである。

第 2 項　展望をもたらす 2 つの専門家モデルの連続性

　これまで保育の領域においても，保育記録や保育カンファレンスなどの先行研究において，保育者が問題を認識したり，省察したり，将来の展望を持ったり，それを共有化することの重要性は示唆されてきた。しかし，これらの先行研究では，新たな知識と技能，省察いずれか一つの専門家モデルに焦点が当てられてきた。そのため，保育者達が行った問題の認識や省察，展望によって理想とする保育実践の構想に至るまでの連続性を持ったプロセスは切り分けられ，それぞれ分割されることで，非連続的な言語データとして分析され，その成果

が保育者の現職教育に活用されてきた。

　しかし，本研究の成果として示唆したように，問題認識や省察，展望はそれぞれ個別に保育者の中で生み出されるのではなく，それらは連続性を持つ。今後の現職研修では，単純に保育者の問題認識や省察，展望を切り分け，焦点化して実施するのではなく，近年，保育の分野において取り入れられてきたPDCAサイクルのように，「問題認識－省察－将来の展望」，その共有化，そして次の問題認識へとサイクルが続く継続的なカンファレンスなどの研修内容を設定することで，保育者がこの連続性を意識できる現職教育の在り方が望まれる。

第3項　保育実践コミュニティ育成を志向した現職教育

　次に，本研究の成果として，保育施設や保育研究会などの公的な組織以外での，保育者の個人的なつながりである保育実践コミュニティの存在と，その有効性を示した。これまでの保育者の現職教育に関する研究では，保育施設などの公的な組織における保育者間の関係性の在り方や研修制度についての議論は進められてきたが，保育者の個人的なつながりについては議論の対象とすらされてこなかった。そのような中で，小規模地方自治体の保育者の現職教育において，保育者の個人的なつながりである保育実践コミュニティの重要性を示した点は，有意義であると考えられる。しかし，ウェンガーら（2002/2002）が，実践コミュニティを外部から取り入れたり，人為的につくり出したりすることの難しさを指摘しているように，保育実践コミュニティは保育者の自発的な意思によってつくられる。保育実践コミュニティの重要性とその具体的な方策については，今後の研究課題でもあるが，自らの自発的な意志で他の保育者と結びつくような機会を公的な研修制度に盛り込むことも重要であろう。

第4節　課　　題

第1項　展望を生み出す技法

　本研究では，将来の展望が保育者の実践コミュニティにおいて共有化されていく共同的な経験，出来事として捉えられていることを示した。保育者同士が

共同することの重要性は，これまで保育カンファレンスやティーム保育，メンタリングなど，多くの先行研究において示され，保育者の専門性として位置づけられてきた。しかし，先行研究における同僚との相互作用の有効性は，保育者個人が多面的に理解する視点や新たな気づきを得る，子どもへのかかわり方を捉え直すなど，保育者個人へとフィードバックされ，保育者集団に対してはフィードバックされてこなかった。急激な現代の社会的な状況の変化に対応するためには，保育者集団が将来の展望を共有化できるようなカンファレンスやティーム保育，メンタリングの技法の必要性を今後の課題として示すものである。

第 2 項　方法論に関する課題

　最後に，本研究の方法論に関する課題を 3 つ示す。まず，1 つ目は，本研究では小規模地方自治体 H 町の保育者を研究対象とした。そして，H 町の保育者達が同じ時期に，同じ社会的な状況の変化から影響を受けていたことを明らかにした（Table 27）。この結果から，今回の研究協力者が示した転機における自己形成プロセスは，同じような社会的な状況の変化が生じてきた他の小規模地方自治体の保育者においても，共通の自己形成プロセスが生じる可能性があると考えられる。一方，少子化が進行していても待機児童の多い大都市や，平成元年の幼稚園教育要領改訂以降も，保育者主導のクラス活動が中心の幼稚園，保育所など，置かれている社会的な状況が異なる保育者の自己形成プロセスとは大きな差異が生じることが予想される。この点に関する研究は今後の課題としたい。

　次に，2 つ目は，本研究では長い年月の保育経験の中から保育者が自らの転機の経験について自覚し，その語りを引き出すために，ライフラインを刺激材料としたインタビューを用いた。そのために，社会的な状況の変化によって生じた大きな出来事に関する経験が，転機の経験として保育者に自覚され，その語りが引き出されたと考えられる。その結果，本研究の目的として示した現代における社会的な状況の急激で多様な変化が背景となった転機の経験に焦点を当てることが可能となったが，その一方で，保育の営みにおける子どもとのかかわりなど，日常的な出来事に関する経験が捨象されてしまった。ライフライ

ンでは引き出すことが難しい，より暗黙化した日常的な保育実践の中から，自らの転機の経験を自覚し，その語りを引き出すインタビュー方法についても今後の課題としたい。

　3つ目は，本研究では，保育経験年数だけでなく，研究に携わった経験，他の保育者への影響力などを考慮して研究協力者の選定を行った。そして，結果的に，所長や副所長などの管理職に就いている保育者が選定された。そのため，Table 20では，転機の要因として「c. 副所長，所長への昇進」が示され，Table 27，Figure 9，10では，保育者の自己形成に社会的な状況の変化が強く影響を与えたことが示された。つまり，本研究の成果から，その因果関係までは不明であるものの，管理職となった保育者の成長に対して，保育に関する社会的な状況の変化が強い影響を与えてきたという特徴が示唆されたのである。ゆえに，管理職に就かない保育者を対象とした研究を進めることも今後の課題としたい。

補章　保育者の時間的展望の共有化を促す保育カンファレンス
─複線径路・等至性アプローチ（TEA）を援用した保育カンファレンスの提案

　補章では，前章第4節第1項で課題として示した保育実践コミュニティにおいて将来の保育実践に関する時間的展望を共有することを目指す技法として，TEM を用いた時間的展望型保育カンファレンスについてその方法と効果について提案を行う。

第1節　未来を語る保育カンファレンス

(1) 保育カンファレンスのメソドロジー

　近年，保育分野におけるカンファレンスに関する研究が進められており，その方法論も多様化している。原（2014）は，当事者が自らの保育実践における象徴的な出来事（インシデント）を口頭で発表し，その原因と対策を考えていくカンファレンスを提案している。その他にも，エピソード記述やビデオフォーラム，写真，付箋などの刺激素材を用いた保育カンファレンスなどがある。また，ホールシステム・アプローチを用いたワールドカフェ方式や KJ 法など対話の場や方法を工夫した保育カンファレンスなどもあり，さらには，刺激素材と対話方法を組み合わせた実践が進められている。利根川ら（2014）の先行研究では，エピソード記述を用いたり，ビデオや写真の映像刺激素材を用いたりと，保育者の実態に合わせて，多種の方法論のカンファレンスを組み合わせることでカンファレンスを継続的に実施することで，その有効性を高めることの可能性を示唆している。

(2) 保育カンファレンスの成果とは

　多様な保育カンファレンスの方法論が示され，それぞれの研究でその効果は示されているものの，それらをどのように使い分けていけばよいのか，その用途について明らかにした研究はまだない。しかし，若林・杉村（2005）が，保育カンファレンスの効果と独自性について，単純に正答を求めるのではなく，保育者自身の知の再構築を行う点にあることを示している。また，大場・前原（1998）も，保育カンファレンスでは意見を一致させようとする志向性よりも，言葉の流れに身をまかせつつともに感じ合うことを重視すべきと述べている。単純に保育カンファレンスの方法を変えることで，その効果や用途も変化するというものではない。むしろ，保育カンファレンスでは多様な方法論はあるものの，最終的に「保育者自身の知の再構築」を目指すものでなければならない。

(3) 保育カンファレンスの問題性と個別性

　しかし，保育カンファレンスにおいて「知の再構築」を行う際に多様な問題が生じていることも指摘されている。松井（2009）は，保育カンファレンスでは保育者の中に「教える－教わる」関係が生じることで，「保育実践の振り返りにより，新たな気づきを得るという保育カンファレンスの本来の目的が達成されていない」ことを指摘している。また，田中ら（1996）の研究では，職位や経験年数によって発話の順序や形式がパターン化する問題点が示唆されている。さらに，中坪ら（2010）は，保育カンファレンスにおける保育者の感情の認識や表出に関する語りスタイルが園によって違いがあることを示唆している。

　つまり，保育カンファレンスにおいては，最終的に保育者の自らの経験と知の再構築を目指すが，そのためには発話の対等性やそのスタイルなどの問題性や個別性に適応させるような方策や工夫が，園の実情に応じて必要となるのである。

(4) 振り返ることからの脱却

　保育カンファレンスが保育者自身の知の再構築を目指してきたためか，その方法や素材については工夫がされてきたが，その語りの対象は常に，過去の保育実践に向けられてきた。この傾向について，若林・杉村（2005）は，保育の知が近年の科学，心理学，教育学のパラダイムシフトの影響を強く受けていることを示唆している。そして，とくに教育学の領域においてはショーン（Schön,

1983）が新たな専門家像として示した反省的実践家，そしてその中核概念である「行為の中の省察」が，過去の自らの実践を省察することへ志向性を強める背景となったことを示している。自らの保育実践を省察することの重要性については，多くの先行研究があり，その知見を否定しないが，一方で，過去の実践を対象とすることで，その実践の主体となった保育者にネガティブな感情を生起させる当事者批判の弊害も存在することを忘れてはならない。

(5) 展望共有型 TEM 保育カンファレンス

　そこで，発話の対等性や当事者批判などの問題点をクリアするために，香曽我部（2014）では新たな保育カンファレンスの方法として TEM 保育カンファレンスを提案した。これは，保育者が保育実践の過去から現在に至るまでの自らの援助や環境構成の方策の在り方を振り返るために著者が発案したものである。特徴としては，時間的変化と保育実践を取り巻く環境や社会的な状況を捨象しない点にある。さらに，保育者の自尊感情の高まりを縦軸に設定することで，VTR に登場する保育者の感情の揺れ動きに共感しながら，当事者を批判せず，感情を共有化しつつ保育の在り方について語ることができる感情共有型の TEM 型保育カンファレンスであった。

　しかし，今回，提案する TEM 保育カンファレンスは，過去の保育ではなく，現在の保育実践をもとに，近い未来の保育実践における保育者の援助や環境構成を語り合うことを目的としている。渡邊（2009）は，「TEM 図ができていくことで，TEM 図上のそれぞれのポイントについて新しいリサーチ・クエスチョンや仮説が生まれていくこと」と述べ，仮説生成ツールとして TEM が有効であることを示した。そして，香川（2009）も，「互いの過去の時間が現在に触れ合い，新たな未来とその展望が生み出されるのである」と述べて，未来への展望が他者とかかわることでずれて，複数の時間的展望が生み出されるその領域を Zone of Time Perspective：ZTP と定義して，それを分析する手段として TEM の有効性を示唆している。

　そこで，本研究では，保育カンファレンスにおいて，TEM を用いて近い未来の環境構成や援助の在り方を捉えることで，発話の対等性や当事者批判など保育者の実践コミュニティに与える弊害を乗り越えられると考えた。そして，TEM 保育カンファレンスにおいて保育者がどのように話し合い，時間的展望

を共有し合うのか，その実相を明らかにすることで，TEM を用いた「展望共有型の保育カンファレンス」の可能性と限界について示し，保育カンファレンスが保育者の実践コミュニティに与える影響について検討を行うこととする。

第 2 節　TEM の保育カンファレンスへの導入方法

(1) TEM について

　大きな特徴として，複線径路・等至性モデル（Trajectory Equifinality Model：以下 TEM）を用いる点が挙げられる。

　TEM とは，ヴァルシナー（Valsiner, J.）が，発達心理学・文化心理学的な観点に等至性（Equifinaly）概念と複線径路（Trajectory）概念を取り入れようと創案したもので（サトウ，2006），人間の経験を時間的変化と社会的・文化的な文脈との関係で捉え，その多様な径路を記述するための方法論的枠組みである。ヴァルシナーは，人間の成長を開放システムとして捉えることで，人が他者や自分を取り巻く社会的な状況に応じて異なる径路を選択し，多様な径路（複線径路概念）をたどりながらも，類似した結果にたどりつくという，等至性概念を用いて，人間の成長のプロセスを記述しようとしたのである。つまり，TEM を用いることで，人間の思考や行動，態度，感情の時間的な変化とその多様なプロセスを捉えることが可能なのである（中坪，2010）。

(2) TEM カンファレンスの手順

　本研究では，TEM を用いた保育カンファレンスの場面を研究対象とする。そこで，予備調査として，次に示す手順で TEM を用いたカンファレンスを行った。まず，①「等至点」を作成するために，A 児を中心とした保育実践の VTR を見て，理想とする A 児の活動の姿を付箋に記入した。次に，②「もし，あなたが A 児の担任のときに，理想像に近づけるために，明日からどのような援助や環境構成をするか」と質問し，思いつくかぎりの援助や環境構成を付箋紙に書くように依頼した。そして，③それらをどのような順序で援助，環境構成していくか，その順序性を決めるよう依頼した。さらに，④各自で作成した援助，環境構成の図表をもとに，グループ 4 名で明日からの A 児への援助，環境構成について話し合いをした。

　しかし，（1）の段階で，理想とする A 児の活動の姿について記述すること
が難しいと保育者から示された。そこで，リーバース（Laevers, 2005）が保
育の質を捉える観点として示した遊びにおける子どもの「夢中度
（Involvement）」の評価尺度を用いて，VTR を見て，A 児の現状での夢中度
を保育者一人一人が評定することとした。そして，現状の値から A 児の夢中
度を最高値である 5 まで引き上げるために，どんな援助，環境構成が可能かを
考えることとした。

　また，（4）の段階で，援助や環境構成の順序性をグループで検討する際に，
想定した援助や環境構成が A 児の夢中度を高めることができずに，逆に下げ
てしまう可能性が保育者から指摘された。そこで，A 児の夢中度が一番低く
なる状態を「両極化した等至点」として設定し，もし，ある援助をした際に，
それが逆に A 児の夢中度を下げてしまう場合も想定して，そのときに次にど
のような援助，環境構成が考えられるかについても話し合いを行うこととした。

(3) サンプリングの方法

　TEM 型保育カンファレンスでは，話し合う過程で付箋を使うため，付箋を
操作しながら話し合う姿が想定された。そこで，カンファレンスの様子は，音
声データだけでなく，ビデオで定点撮影することとした。そして，トランスク
リプトは，発話内容だけでなく，付箋を動かす動作や，表情，うなづきなどの
身体の動きについても細やかに記述する。使用した映像データは，S 保育園に
おいて撮影された砂場付近での砂を用いたままごと遊びの場面である。

(4) 分析方法の選定

　本研究では，展望共有型 TEM 保育カンファレンスにおいて，保育者が互い
に近い未来の援助や環境構成について時間的展望を共有する実相を明らかにす
ることを目指している。そこで，中坪ら（2012）が，保育者が互いの発言を通
して理解を深めたり，意味づけを重ね合わせたりする様相を明らかにするため
に，有効であると示した談話分析を用いることとした。とくに，中坪ら（2012）
では，会話の話題連結の結束性やアプロプリエーション，発話ターンの取得に
着目し談話分析を行っている。そこで本研究でも，談話スタイルで相互共有が
高い規定要因として示された①「〜ね」という終助詞，②相槌，③言葉の置き
換えなどに着目して分析を行う。

(5) 分析の手順

　談話分析の手順は，まず①作成した保育カンファレンスのトランスクリプト
と映像データを照らし合わせ，加筆修正を行った。次に，②a．平均語彙数，
b．「～ね」という終助詞の数，c．うなづきの数，d．アプロプリエーション
の数，e．始発発言内容への連鎖と態度，f．発話ターンの変化，g．発言の順
序性について分析を行った。さらに，保育経験20年以上の保育者とともに，③
トランスクリプトの内容について，未来の援助や環境構成について話し合い，
保育実践における時間的展望を共有化していく箇所を抜き出した。最後に，④
その抜き出した箇所の保育者間の会話の意味を解釈しつつ，どのように時間的
展望を共有化していったのか，そのプロセスの解釈も行った。

第3節　言葉の相互共有の高さ

　本章では，先に示した研究方法に基づき分析した結果とその考察を示す。

【結果ⅰ】

　その結果，分析②については Table 37のようになった。

【考察ⅰ】

　Table 37に示されているように，中坪ら（2012）が示した言葉の相互共有が
高い園の談話スタイルとほぼ同じような結果となった。その理由については，

Table 37　談話分析の結果

A1：一回の発言における平均語彙数	20.26
A2：発言の文末表現の特徴	「ね」の使用　8回
B1：応答時における間投詞	「うん」の使用　18回
B2：始発発言と応答発言の重複	
アプロプリエーション	置き換え　7回
B3：始発発言内容への連鎖と態度	
	補完・補足的説明　12回
	状況分析的説明　3回
C1：話し手と聞き手の立場の変化	6回／30秒
C2：発言の順序性に関する秩序	

　保育者Aが始発発言が多いものの，その後の発言については，順序性は
見られない。

結果ⅱで詳しく説明する。

【結果ⅱ】

　分析③，④の結果，中坪ら（2012）が，言葉の相互共有が高いスタイルの特徴としてして示した，a．一人一人の語りが比較的短く，b．相手の意見に同意するような発話が多い，c．発話連鎖の結束性の高さ，d．アプロプリエーションの高さ，a～dの4つの特徴が例1，例2にも同じように見られた。以下，その分析の結果と考察である。

例1：夢中度を高める援助の話し合い

```
01A：援助は，他の素材
02B：あっ私も他の素材
03A：水とか，そういうのが最初かな
04B：机をもう1こ出すって書いちゃったんですけど
05A：あーそれも書いておいて
06D：机もあるけど，テーブル
07A：えー私もありました
08D：テーブルやいすなどを置いてあげる
09A：机は別にしたよ（別な付箋に書いた）
10B：別にしました？　でも，レストランにでもなればって
11D：その前には私って聞いちゃっているんだよね。そう，何を
12C：僕も
13B：どんな料理ができるのかなとか，声掛けからスタートさせたんだけど
14D：わたしもそれありますよね。やろうとしていることを明確にするというか，まわりに伝える
15B：うん
16A：じゃあ，これはこっちにまとめて置いておいて
17D：うん
18A：じゃあこれは後で貼る
19C：こう言う感じで
20A：わたしは材料じゃないんだけど，皿とか，器とか
21B：あっわたしも食器など充実
22C：コンロ
23A：ああコンロ，うん
24C：コンロ
25A：テーブルね
26C：テーブル
27A：うんテーブル，ここ一つにしておくと。どう，うごかさない
28C：うごかさないですむ。うん。そうだね
29A：こうやって（付箋を少しずらして貼る）重なっているのが見えるようにする。こうやって
```

　この例1の01A—10Bの展開に見られるように，保育者は相手の発言を受けて，さらに自分の意見を加えて，他の援助の方策について提案している。ここでは，援助の第1段階として，素材を準備することを話し合っているが，01Aが素材の援助として水を提案すると，次に04Bが机を提案するが，05Aは否定せずにその意見に同意しつつ，そこにさらに08Dがテーブルと椅子と提案し，さらに椅子を付け加えていた。b. 同意の多さと d. アプロプリエーションの高さがうかがえる。

　そして，さらに11Dでは，これまでの素材を提供する援助とは違い，声掛けして子どものごっこ遊びのイメージを引き出し，強化する援助を提案している。異なる援助であるが，その発話に対して12Cが同意を示して，13Bもより具体的に「どんな料理ができるの」と声掛けの援助を提案している。以上の部分からb. 意見への同意だけでなく，前の援助につなげつつ，新たな援助を提案するという c. 発話の結束性の高さが見られる。

　また，中坪（2012）で，保育者の言葉による相互共有の高さと結びつけられてきた「～ね」という終助詞も，25A，28Cに見られるように多く見られた。

例2：夢中度が低くなったときの援助

01A：駄目だった場合は
02D：駄目だった場合は
03C：うん，これまず何を作りたいのかわからないパターンありそうですよね
04B：わからないってこと。わかんないって
05A：とりあえずこういうことをしているのが楽しいって。本人に
06D：目的がない
07A：目的がない。ない。そうするとこっちでも
08B：ここ，目的無く，Gちゃんにいわれるがままに
09A：いわれるがままに。こっちがマイナス。こっちはプラス
10C：あとは
11A：水とか，草花とかを持っていくことで，それが違う物になるってこと
12D：うん。違う遊び
13C：うん。うん
14B：この実どこにあったのといって，その場から離れてしまうとか
15D：ああ，そうか材料探しに行っちゃうとか
16A：そう材料探しだとか，水いじりだとか
17C：ああ，砂と水。ふふ
18D：違う遊びになっちゃう
19A：テーブルとか器とか，そういうものを用意してあげようと思ったんだけど。まあ，それに興味を示さない。それ以外には

```
20B：用意しているあいだにいなくなっちゃうというのもありますよね。私いつも用意してあげ
　　　ようと思っているといつのまにかいなくなっちゃう
21A：気持ちが薄らいでいるんだね
22B：そう薄らいで
23A：はやく，その子の気持ちを掴んでいないとだめなんだね
24B：タイミングが
25A：タイミングがね
26D：タイミングが
27A：そうするとこんなのもの速いよね。いれてとって。教師が仲間入りして
28B：仲間入りとか，はやくやっちゃったほうが
29A：教師がそばにいれば。そんなに離れない
30C：うーん
31A：なんかしてもらえるっていうか。なんか新しいアイディアが出てくるんじゃないかって言
　　　う。期待感が膨らむし，遊び相手ができたっていうそういう楽しみっていうか，早く仲間
　　　になってしまう
32C：ある程度，仲間を集めるっていうことが必要なんですかね
33A：うん，それいいですよね
34B：1対1ではなくて，もう一人，二人ぐらい
35A：そうそう
36B：多すぎると，多分。飽きちゃうのかもしれない
37A：声をかける。友達に
38B：A先生どこかで声をかけるって。書いたんじゃ。友達に。あれどこだっけ
39C：これですね
```

　このトランスクリプト例2では，はじめに行った援助が不発に終わり，対象児の夢中度がさらに下がった場合を想定した援助について話し合っている場面である。

　23A から26D までは，対象児の気持ちをタイミング良く掴むことの重要性について，同意する意見を，同じ「タイミング」という言葉を使って繰り返すことでその重要性を相互共有している。32C から39C にかけても，遊びを展開する際に子どもの人数が必要であることを自分なりに言い換えつつ，アプロプリエーションを高めて会話を進めていることが理解できる。

【考察 ii】

　以上の結果から，展望共有型の TEM 保育カンファレンスでは，保育者の話し合いが言葉の相互共有が高い状況で進められていることが示された。その理由として，保育実践の場面の映像を見ながらも，その実践について語るのではなく，あくまでも次の援助について想像した場面について話をしている点が挙げられる。中坪ら（2012）の先行研究では，言葉の相互共有が低い談話スタイ

ルの規定要因として，e. 状況分析の多さ，f. 批判的思考の提示，g. 発言者
のヒエラルヒーと順序性を上げているが，いずれも，刺激素材として用いた事
例や映像データを振り返る際に，e 〜 g のような発言が多く見られた。もとも
と，想像の世界でしかない，未来の援助や環境構成には説明するような状況も
なく，批判する様子もみられない。また，発言の順序性についても，想像の世
界の話なので，発想できる援助や環境構成をどんどんと言っても大丈夫なよう
な雰囲気があったのではないか。以上のことから，結果的に言葉の相互共有が
高くなったと考えられる。

第 4 節　展望共有の可能性と限界

　このカンファレンスにおいて保育者 4 名が作成した未来の援助と環境構成の
TEM 図は Figiure 34 となる。本章では，結果と考察の i と ii，この TEM 図
をもとに，展望共有型の TEM 保育カンファレンスの可能性と限界について総
合的に考察する。そして，最終的には展望共有型 TEM 保育カンファレンスが
保育者の実践コミュニティに与える影響について検討を行う。

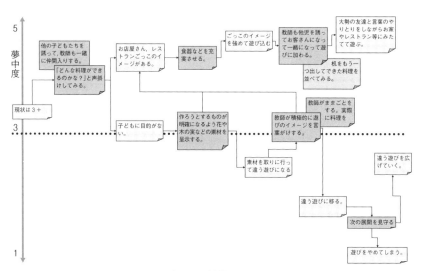

Figure 34　援助と環境構成の展望 TEM 図

(1) 展望共有の可能性

　カンファレンス全体を通じて，VTR の保育者に対する状況説明や批判的な発話は見られなかった。次の援助や環境構成のアイディアを互いに出し合うことで，しだいに発話の連鎖性やアプロプリエーションが増加していたことがトランスクリプトの分析からも明らかになった。以上の点から，TEM 型保育カンファレンスの可能性としては，考察 i と ii に示したように，言葉の相互共有を高い状況で話し合いを進めることが挙げられる。

　また，夢中度を高い状況だけでなく，もし低くなったらどう援助するのか，夢中度が低い状況での援助について話し合いをしたために，多様な援助，環境構成のアイディアが出された。また，もしこのような状況であったならば，この援助といったように，これから迎える状況をポジティブな部分だけでなく，ネガティブな状況も含めて展望を抱くことで，より具体的な援助や環境構成についての話し合いができたと考えられる。

　さらに，時系列に並べる TEM の特徴から，援助と環境構成の方策にある程度順序性を図式化したことで，保育カンファレンスが目指す知の再構成を視覚的に行うことができたのではないかと考える。

(2) 展望共有の限界

　今回の保育カンファレンスで話し合われたのは，あくまでも予想，想像の範囲である。このカンファレンスを受けて，次の日から現実の保育実践の場で，どのように援助や環境構成に取り組んだのか，その検証までは，今回提案した保育カンファレンスには含んでいない。今後は，このカンファレンスを受けて，さらに自分たちがそれに基づいて行った援助や環境構成への省察を深め，さらなる展望の共有へとつなげる保育カンファレンスが必要になると考えられる。そのために，展望共有型の TEM 保育カンファレンスと組み合わせて用いる，自らの保育実践を振り返るカンファレンスが必要になる。

参考・引用文献一覧

安達喜美子（1994）．青年における意味ある他者の研究：とくに，異性の友人（恋人）の意味を中心として　青年心理学研究，6，19-28．

足立里美（2008）．実習園が求める「実習生らしさ」が実習性の保育者アイデンティティの形成に及ぼす影響．保育士養成研究，26，1-10．

足立里美・柴崎正行（2009）．保育者アイデンティティの形成と危機体験の関連性の検討．乳幼児教育学研究，18，89-100．

足立里美・柴崎正行（2010）．保育者アイデンティティの形成過程における「揺らぎ」と再構築の構造についての検討：担当保育者に焦点をあてて．保育学研究，48（2），213-224．

Adams, J., Hayes, J., & Hopson B.（1976）, *Transition: Understanding & managing personal change*. London: Martin Robinson. pp.3-25.

秋田喜代美（2001）．保育者のアイデンティティ．森上史朗・岸井慶子（編）保育者論の探究．ミネルヴァ書房．pp.109-130．

安藤節子（2003a）．秋田県における幼稚園と保育所の関係について：保育施設の大規模化に伴う諸問題．日本保育学会大会発表論文集，56，526-527．

安藤節子（2003b）．少子化・過疎化の地，秋田で起こっていること．発達，24（94），18-24．

安藤節子（2004）．秋田県における幼稚園と保育所の関係について―その③幼保一体化施設の現状と保育場の問題．聖園学園短期大学研究紀要，34，15-28．

安藤節子（2005）．秋田県における幼稚園と保育所の関係について―その（4）幼稚園教育要領と保育所保育指針の比較．聖園学園短期大学研究紀要，35，23-38．

安藤節子（2006）．秋田県における幼稚園と保育所の関係について―その（5）大規模保育施設における「家庭との連携」．聖園学園短期大学研究紀要，36，35-45．

安藤節子（2008）．秋田県における幼稚園と保育所の関係について―その（6）幼保一体的施設における保育の課題．聖園学園短期大学研究紀要，38，25-34．

青木久子（2002）．新保育者論．萌文書林．

青山佳代（2011）．保育士養成課程において求められるカリキュラムに関する考察：新設科目「保育者論」のシラバスに注目して．金城学院大学論集人文科学編，8（1），97-105．

浅見　均（2001）ティーム保育についての一考察．青山學院女子短期大学紀要，55，55-78．

バフチン，M（1929）．望月哲男・鈴木淳一（訳）（1995）．ドストエフスキーの詩学．筑摩書房．

Baltes, P. B., Reese, H. W., & Lipsitt, L. P.（1980）. Life-span development psychology. *Annual Review of Psychology*, 31, 77.

Bertalanffy, L. von. (1968). *General system theory; Foundations, development, applications*. New York: George Braziller. (長野　敬・太田那昌（訳）(1973)．一般システム理論：その基礎・発展・応用．みすず書房．)

Bogdan, R. C., & Biklen, S. K. (2006). *Qualitative research for education: An introduction to theories and methods* (5th ed.). Boston : Allyn and Bacon.

Brammer, L. M. (1990). *How to cope with life transitions: The challenge of personal change*. Taylor & Francis. 楡木満生・森田明子（訳）(1994)．人生のターニングポイント―転機をいかに乗り越えるか．ブレーン出版．

Clausen, J. A. (1998). Life reviews and life stories. In J. Z. Giele & G. H. Elder. (Eds.), *Methods of life course research qualitative and quantitative approaches*. Thousand Oaks, CA: Sage Publication. pp.189-212.

第 3 回保育士養成課程等検討会「改定案の内容と主なポイント」〈http://www.mhlw.go.jp/shingi/2010/01/dl/s0118-6c.pdf〉

Erikson, E. H. (1959). Identity and the life cycle. Selected papers. *Psychologicallssues*, **1**, 1-171.

船津　衛 (2005)．認識する私．井上　俊・船津　衛（編著）自己と他者の社会学．有斐閣．pp.3-20.

Gergen, K. J. (1991). *The saturated self: Dilemas of identity in contemporary life*. New York: Basic Books.

原　孝成 (2014)．インシデント・プロセス法による保育カンファレンスが新任保育士の専門的発達に及ぼす効果．鎌倉女子大学紀要，**21**，43-54.

Harter, S. (1996). Historical roots of contemporary issues involving self-concept. In B. A. Bracken (Ed.), *Handbook of self-concept: Developmental, social, and clinical considerations*. New York: John Wiley & Sons. スーザン・ハーター (2009)．自己概念をめぐる現代的課題の歴史的ルーツ．梶田叡一・浅田　匡（監訳）自己概念研究ハンドブック．金子書房．pp.1-46.

林　優子・土田玲子・引野里絵・玉井ふみ・堀江真由美・清水ミシェル・アインズマン・松田紀子・菊森美佐・内田千枝・上久保亜紀 (2010)．尾道市の子育て地域支援システム構築にむけての支援者側の意識調査．人間と科学，**10**（1），55-66.

Hermans, K., & Kempen, H. (1993). *The dialogical self*. Elsevier. (溝上慎一・水間玲子・森岡正芳（訳）(2006)．対話的自己―デカルト／ジェームズ／ミードを超えて．新曜社．)

平林　祥・中橋美穂 (2011)．保育者の資質向上を目指すビデオフォーラム．日本乳幼児教育学会第21回大会研究発表論文集，186-187.

平林　祥・中橋美穂 (2012)．ビデオフォーラムを用いた園内研修．第 3 回幼児教育実践学会研究発表概要．〈http://www.youchien-kikou.com/infomation/society2012_summary.html〉

廣瀬太介 (2010)．破壊的カルト脱会者の心理過程に関する研究―適応的と見られる脱会者の語りに基づくモデル構築の試み．立命館大学大学院応用人間科学研究科2010年度修士論文テーマ臨床心理学領域．修士論文．〈http://www.ritsumei.ac.jp/acd/gr/

gsshs//theme/pdf/2010/japanese/2010_rinsyou_4.pdf〉

廣瀬太介（2012）．ひきこもり親の会が自助グループとして安定するまで．安田裕子・サトウタツヤ（編著）TEM でわかる人生の径路─質的研究の新展開．誠信書房．pp.71 −82.

保育士養成課程等検討会中間まとめ〈http://www.mhlw.go.jp/shingi/2010/03/s0324-6. html〉

堀　薫夫（2009）．ポール・バルテスの生涯発達論．大阪教育大学紀要第Ⅳ部門，**58**（1），173-185.

池田幸代・大川一郎（2012）．保育士・幼稚園教諭のストレッサーが職務に対する精神状態に及ぼす影響─保育者の職務や職場環境に対する認識を媒介変数として．発達心理学研究，**23**（1），23-35.

岩崎美智子・浜崎隆司・田村隆宏（2004）．保育所保育士のライフヒストリー：職業選択と転機，変容．鳴門教育大学研究紀要教育科学編，**19**，85-90.

James, W.（1890）．*The principles of psychology*. Harvard University Press.（今田　寛（訳）（1934）．心理学．岩波書店.）

門田理世・箕輪潤子・秋田喜代美・芦田　宏・鈴木正敏・野口隆子・小田　豊（2011）地方自治体の規模と保育の質向上の取り組みに関する検討（1）乳幼児教育学会第21回大会研究発表論文集．132-133.

香川秀太（2009）．回顧型／前向型 TEM 研究の区別と方法論的問題．サトウタツヤ（編著）TEM ではじめる質的研究．誠信書房．pp.153-175.

郭　莉莉（2011）．日本の少子化と育児社会環境．北海道大学大学院文学研究科研究論集，**11**，213-230.

亀井美弥子（2012）．アイデンティティ．茂呂雄二・有元典文・青山征彦・伊藤　崇・香川秀太・岡部大介　状況と活動の心理学─コンセプト・方法・実践．新曜社，pp.72-77.

亀山秀郎（2012）．幼稚園における稲作の意義の検討：KJ 法による保育者記録の分析を通して．保育学研究，**50**（3），276-286.

神谷哲司（2010）保育系短期大学生の進学理由による保育者効力感の縦断的変化．保育学研究，**48**（2），192-201.

梶田叡一（1980）．自己意識の心理学．東京大学出版会.

梶田叡一（1994）．自己意識心理学への招待．有斐閣.

金子　勇（2011）．高齢者の生活保障．放送大学教育振興会.

加藤　厚（1983）．大学生における同一性の諸相とその構造．教育心理学研究，**31**（4），209-302.

川池智子（2011）保育者の「子育て支援」に関わる専門性とリカレント教育（その1）：山梨県内の保育士の調査結果をてがかりとして．山梨県立大学人間福祉学部紀要，**3**，19-32.

川俣美砂子（2010）．幼稚園教諭のキャリア形成に関する研究─養成課程の現状と課題．福岡女子短期大学紀要，**73**，45-53.

川俣美砂子（2012）．保育者養成課程におけるカリキュラムの比較分析─大学・短期大

学・専門学校に焦点をあてて．福岡女子短大紀要，**77**，15-26.

木戸彩恵（2012）．在米日本人留学生が日常的化粧をしなくなる移行プロセス．安田裕子・サトウタツヤ（編著）TEM でわかる人生の径路―質的研究の新展開．誠信書房．pp.148-157.

金　娟鏡（2007）．母親を取り巻く「育児ネットワーク」の機能に関する PAC（Personal Attitude Construct）分析　保育学研究，**45**（2），135-145.

衣笠葉子（2007）．公立保育所の民営化．近畿大學法學，**55**（1），141-171.

古賀正義（1997）．質的調査法とは何か．北澤　毅・古賀正義（編著）〈社会〉を読み解く技法―質的調査法への招待―．福村出版．pp.14-22.

小岩健祐（2006）．PAC 分析による個人のもつ家族イメージの変容過程　家族心理学研究，**20**（1），53-65.

小泉裕子・田爪宏二（2006）．保育者アイデンティティの形成に関する研究―実習生教育と現職教育の連続性―実習生に見る反省的実践の検証．鎌倉女子大学学術研究所報，**6**，91-95.

厚生労働省（2008）．保育所保育指針解説書　pp.1-4.

香曽我部　琢（2014）．複線径路・等至性モデルを用いた保育カンファレンスの提案―保育者が感情共有するプロセスとそのストラテジーに着目して．宮城教育大学紀要，**48**，159-166.

黒川祐貴子・青木紀久代・山崎玲奈（2014）．関わりの難しい保護者像と保育者のバーンアウトの実態：保育者へのサポート要因を探る．小児保健研究 = *The journal of child health*, **73**（4），539-546.

Laevers, F.（Ed.）（2005）．*Well-being and Involvement in care settings: A process oriented self-evaluation Instrument.* Leuven: CEGO.

Lave, J., & Wenger, E.（1991）．*Situated learning - Legitimate peripheral participation*: Cambridge University Press.（佐伯　胖（訳）（1993）．状況に埋め込まれた学習―正統的周辺参加．産業図書．）

Lewin, K.（1951）．*Field theory in social science: Selected theoretical papers.* New York : Harper & Brothers.

Lifton, R. J.（1967）．*Death in life: Survivors of Hiroshima.* Random House.（外林大作（訳）（1971）．誰が生き残るか―プロテウス的人間．誠信書房．）

Marcia, J.（1989）．The design of browsing and berrypicking techniques for the online search interface. *Online Review*, **13**（5），407-424.

Martin, E.（1997）．The symbolic graphic life-line: Integrating the past and present through graphic imagery. *Art Therapy: Journal of the American Art Therapy Association*, **14**（4），261-267.

増田まゆみ・岡本美智子・高橋　誠・藤岡佐規子・待井和江（1995）．保育者の専門性を考える：多様化する保育ニーズの中で．日本保育学会大会研究論文集，**48**，xix.

松井剛太（2009）．保育カンファレンスにおける保育実践の再構成―チェンジエージェントの役割と保育カンファレンスの構造．保育学研究，**47**（1），12-21.

松本信吾・中坪史典・杉村伸一郎・林　よし恵・日切慶子・正田るり子・藤橋智子

（2012）．保育カンファレンスの外部公開は内部の保育者に何をもたらすのか．広島大学学部・附属共同研究機構研究紀要，**40**，177-182.

三木知子・桜井茂男（1998）．保育専攻短大生の保育者効力感に及ぼす教育実習の影響．教育心理学研究，**46**（2），203-211.

ミネルヴァ書房（2000）．保育者の成長と専門性．発達，**83**.

三宅幹子（2005）．保育者効力感研究の概観．福山大学人間文化学部紀要，**5**，31-38.

宮下一博（1987）．Rasmussen の自我同一性尺度の日本語版の検討．教育心理学研究，**35**，253-258.

溝上慎一（2001）．大学生の自己と生き方―大学生固有の意味世界に迫る大学生心理学．ナカニシヤ出版．

溝上慎一（2008）．自己形成の心理学―他者の森をかけぬけて自己になる．世界思想社．

森本美佐・林　悠子・東村知子（2013）．新人保育者の早期離職に関する実態調査．奈良文化女子短期大学紀要，**44**，101-109.

森上史朗（2001）．保育者論の探求．ミネルヴァ書房．

森　直久（2009）．回顧型／前向型 TEM 研究の区別を方法論的問題．サトウタツヤ（編著）TEM で始める質的研究―時間とプロセスを扱う研究をめざして．誠信書房．pp.153-157.

内閣府（2011）．平成23年度版子ども・子育て白書．

内藤哲雄（1997）．PAC 分析実施法入門：「個」を科学する新技法への招待．ナカニシヤ出版．

波平恵美子・道信良子（2005）．質的研究 Step by Step―すぐれた論文作成をめざして．医学書院．

Nancy, J.-L. (1999). *La communauté désoeuvrée*. Paris: Christian Bourgois.（西谷　修・安原伸一朗（訳）（2001）．無為の共同体―哲学を問い直す分有の思考．以文社）

奈良岡　緑・中山　徹（2010）．地域における公立保育所の民営化について―実施自治体例，及び受託法人・保護者の意識調査による民営化政策の検討．日本建築学会近畿支部研究発表会，137-140.

中坪史典（2011a）．保育者の専門性としての感情的実践に関する研究動向．広島大学大学院教育学研究科紀要第三部教育人間科学関連領域，**60**，241-248.

中坪史典・秋田喜代美・増田時枝・箕輪潤子・安見克夫（2012）．保育カンファレンスにおける談話スタイルとその規定要因．保育学研究，**50**（1），29-40.

中坪史典・香曽我部　琢・後藤範子・上田敏丈（2011b）．幼児理解から出発する保育実践の意義と課題―幼児理解・保育計画・実践・省察の循環モデルの提案．子ども社会研究，**17**，83-94.

日本保育学会（2001）．保育者の専門性と保育者養成．保育学研究，**39**（2）．

西坂小百合・森下葉子（2009）．保育者アイデンティティの形成過程―保育実践経験5～10年の幼稚園教諭に対するインタビュー調査から．立教女学院短期大学紀要，**41**，51-60.

西山　修（2005）．幼児の人とかかわる力を育むための保育者効力感尺度の開発．乳幼児教育学，**14**，101-108.

西山　修（2006）．子どもの社会性を育むことへの保育者効力感とアイデンティティ地位との関係．子ども社会研究，12，57-69．

西山　修・富田昌平・田爪宏二（2007）．保育者養成校に通う学生のアイデンティティと職業認知の構造．発達心理学研究，18（3），196-205．

西山　修（2008）．保育者のアイデンティティと効力感は保育実践に影響を及ぼすか―領域『人間関係』について―．乳幼児教育学研究，17，19-28．

野口隆子（2001）．保育者の専門性と成長―メンタリングに関する研究動向．人間文化論叢，5，331-339．

大場幸夫・前原　寛（1998）．保育臨床の再点検（3）保育カンファレンスの見直し．日本保育学会第51回大会発表論文集，92-93．

小田　豊（2001）．保育者論．光生館．

小倉正義（2011）．小学生の母親の学校への関わりに影響を及ぼす諸要因の検討：母親への面接データを基にした仮説モデルの生成．鳴門教育大学研究紀要，26，88-98．

岡本祐子（1992）．成人発達研究の動向と展望．広島大学教育学部紀要，第2部，41，207-216．

岡花祈一郎・杉村伸一郎・財満由美子・林　よし恵・松本信吾・上松由美子・落合さゆり・武内裕明・山元隆春（2010）．「エピソード記述」を用いた保育カンファレンスに関する研究．広島大学学部・附属学校共同研究機構研究紀要，38．

岡本祐子（2002）．アイデンティティ生涯発達論の射程．ミネルヴァ書房．

大豆生田啓友（1996）．保育カンファレンスにおける語りとビデオ―ビデオ撮影者の立場から．発達，17（68），17-22．

大條あこ（2007）．保育者のアイデンティティ形成に関する考察―保育者を目指す学生の実習における保育者像の変容から．洗足論叢，36，95-105．

大嶋恭二（2009）．「保育サービスの質に関する調査研究」厚生労働省．政策科学総合研究事業．

大谷　尚（2008）．4ステップコーディングによる質的データ分析手法SCATの提案―着手しやすく小規模データにも適用可能な理論化の手続き．名古屋大学大学院教育発達科学研究科紀要（教育科学），54（2），27-44．

大谷　尚（2011）．質的研究シリーズ　SCAT：Steps for Coding and Theorization―明示的手続きで着手しやすく小規模データに適用可能な質的データ分析手法．感性工学，10（3），155-160．

音山若穂・井上孝之・利根川智子・上村裕樹・河合規仁・和田明人（2013）．対話型アプローチによる保育研修に関する基礎研究．群馬大学教育実践研究，30，211-220．

Rasmussen, J. E.（1964）. Relationship of ego identity to psychosocial effectiveness. *Psychological Reports*, 15, 815-825.

Rimé, B., Finkenauer, C., Luminet, O., Zech, E., & Philippot, P.（1998）. Social sharing of emotion: New evidence and new questions. In W. Stroebe & M. Hewstone（Eds.）, *European review of social psychology*. Vol. 9. Chichester, UK: John Wiley & Sons. pp. 145-189.

Romaniuk, J. G., Romaniuk, M. Sprechers, P. L., & Cones, J. H.（1983）. Assessing selfperceived creativity across the life span: A comparison of younger and older adults. *The Journal of Creative Behavior,* **17**, 274.

佐伯　胖（2000）．学び合う保育者．発達，**83**，41-47．

西條剛央（2007）．質的研究とは何か．新曜社．pp.13-32．

戈木クレイグヒル滋子（2006）．グラウンデッド・セオリー・アプローチ―理論を生み出すまで．新曜社．

戈木クレイグヒル滋子（2008）．質的研究方法ゼミナール―グラウンデッドセオリーアプローチを学ぶ．医学書院．

逆井直紀（2009）．保育政策の動向．全国保育団体連絡会保育研究所（編）保育白書．ひとなる書房．

佐藤　学・秋田喜代美・岩川直樹・吉村敏之（1991）．教師の実践的思考様式に関する研究―熟達教師と初任教師のモニタリングの比較を中心に．東京大学教育学部紀要，**30**，177-198．

佐藤　学（1997）．教師というアポリア：反省的実践へ．世織書房．

佐藤眞一（2008）．老年期における自己の発達．榎本博明（編）自己心理学2　生涯発達心理学へのアプローチ．金子書房．pp.226-244．

サトウタツヤ（2009）．TEM を構成する基本概念．サトウタツヤ（編著）TEM ではじめる質的研究―時間とプロセスを扱う研究をめざして．誠信書房．pp.39-54．

サトウタツヤ（2011）．心の発達と歴史．日本発達心理学会／子安増生・白井利明（編著）時間と人間．新曜社．pp. 34-48．

サトウタツヤ（2012a）．理論編―時間を捨象しない方法論，あるいは，文化心理学としての TAE．安田裕子・サトウタツヤ（編著）　TEM でわかる人生の径路―質的研究の新展開．誠信書房．pp.209-242．

サトウタツヤ（2012b）．TEM 入門編―丁寧に，そして，気楽に（楽に雑にはダメ）．TEM でわかる人生の径路―質的研究の新展開．誠信書房．pp.1-11．

サトウタツヤ（2012c）．複線径路等至性モデル．茂呂雄二・有元典文・青山征彦・伊藤崇・香川秀太・岡部大介（編著）状況と活動の心理学．新曜社．

サトウタツヤ・安田裕子・木戸彩恵・高田沙織・ヤーン＝ヴァルシナー（2006）．複線径路・等至性モデル―人生径路の多様性を描く質的心理学の新しい方法論をめざして．質的心理学研究，**5**，255-275．

佐藤達全（2012）．短期大学における保育者養成と「保育者論」について．育英短期大学研究紀要，**29**，73-86．

Savickas, M. L.（1991）. Improving career time perspective. In D. Brown, & L. Brooks（Eds.）, *Techniques of career counseling.* Boston: Allyn & Bacon. pp.236-249.

Schön, D. A.（1983）. *The reflective practitioner: How professionals think in action.* New York: Basic Books.

Schroots, J. J. F., & Ten Kate, C. A.（1989）. Metaphors, aging and the life-line interview method. In D. Unruh & G. Livings（Eds.）, *Current perspectives on aging and the life cycle.* Vol. 3: *Personal history through the life course.* London: JAI. pp.281-298.

Seltzer, V. C.（1989）. *The psychosocial worlds of the adolescent: Public and private.* New

York: John Wiley and Sons.

柴崎正行・足立里美（2010）．保育者アイデンティティ研究の展望と課題：日本における保育者アイデンティティ研究．大妻女子大学家政系研究紀要，**45**，25-33.

下斗米　淳（2008）．社会心理学が自己心理学に果たす役割と研究の展開．下斗米　淳（編著）自己心理学6 社会心理学へのアプローチ．金子書房．pp.1-9.

杉浦　健（2001）．生涯発達における転機の語りの役割について．教育論叢，**12**（2），1-29.

杉浦　健（2004）．転機の心理学．ナカニシヤ出版．

Strauss, A., & Corbin, J.（1990）. *Basics of qualitative research: Grounded theory procedures and techniques.* Sage.（操　華子・森岡　崇（訳）（2004）．質的研究の基礎—グラウンデッド・セオリー開発の技法と手順（第2 版）．医学書院）.

諏訪きぬ（2001）．21世紀の保育の創造と保育の課題．諏訪きぬ（編著）改訂新版現代保育学入門．pp.283-305.

Takkinen, S., & Ruoppila, I.（2001）. Meaning in life as an important component of functioning in old age. *International Journal of Aging & Human Development,* **53**（3），211-231.

田中三保子・桝田正子・吉岡晶子・伊集院理子・上坂元絵里・高橋陽子・尾形節子・田中都慈子・田代和美（1996）．保育カンファレンスの検討（その1）—保育カンファレンスを現場から考える．（口頭発表III，保育者の資質・保育者養成VI）日本保育学会大会研究論文集，**49**，718-719.

谷　冬彦（2001）．青年期における同一性の感覚の構造—多次元自我同一性（MEIS）の作成．教育心理学研究，**49**（3），265-273.

谷川夏実（2013）．新任保育者の危機と専門的成長—省察のプロセスに着目して．保育学研究，**51**（1），105-116.

高濱裕子（2000）．保育者の熟達化プロセス：経験年数と事例に対する対応．発達心理学研究，**11**（3），200-211.

高橋　郁（2007）医療・看護領域における質的研究の意義．秋田喜代美・能智正博（監修）高橋　郁・会田薫子（編著）初めての質的研究—医療・看護編．東京図書．pp.2-15.

田代直人・佐々木　司・金田重之・川野哲也（2012）．教職科目「教職論」のカリキュラム開発に関する一考察（I）—大学のテキスト分析を中心として．山口学芸研究，**3**，1-15.

Tatsuno, R.（2002）. Career counseling in Japan: Today and in the future. *Career. Development Quarterly,* **50**, 211-217.

田爪宏二・小泉裕子（2006）．保育者志望学生の「保育者アイデンティティ」確立に関する検討—模擬保育の実践を通して．鎌倉女子大学紀要，**13**，27-38.

手塚崇子（2010）．過疎化における幼保一体化施設の財政分析：和歌山県白浜町「幼保一体化施設白浜幼児園」を事例として．保育学研究，**48**，225-236.

Tobin, J., Wu, P.Y.H., & Davidson, D.（1989）. *Preschool in three culture: Japan, China, and the United States.* New Haven, CT: Yale University Press.

利根川智子・和田明人・音山若穂・上村裕樹（2014）継続的カンファレンスで対話を重ねることによる保育者の意識の変化．会津大学短期大学部研究年報，**71**，33-59．

都筑　学・白井利明（2007）．時間的展望研究ガイドブック．ナカニシヤ出版．

上田敏丈（2011）．保育援助に対する幼稚園教諭のふりかえりプロセス―異なるティーチング・スタイルに着目して．乳幼児教育学研究，**20**，47-58．

上田敏丈・森　暢子・門田理世・秋田喜代美・無藤　隆・小田　豊・野口隆子・箕輪潤子・中坪史典・芦田　宏・鈴木正敏（武庫川女子大学）（2012）．日本乳幼児教育学会第22回大会，口頭発表　写真評価法（PEMQ）から振り返る保育の質（1）―言葉にかかわる興味・関心を引き出す環境構成について．

上村　晶（2011）．子どもの育ちに基づいた保育計画・実践・省察プロセスに関する一考察―保育記録の分析から．高田短期大学紀要，**29**，101-113．

瓜生淑子・川端美沙子（2008）．認定こども園成立と幼稚園・保育所制度．奈良教育大学紀要人文・社会，**57**（1），81-94．

Valsiner, J.（1999）．*Culture and human development.* Sage Publication.

Valsner, J.（2001）．*Comparative study of human cultural development.* Madrid: Fundacion Infancia y Aprendizaje.

Valsner, J.（2007）．*Culture in minds and societies: Foundations of cultural psycholgy's.* Sage Publications.

若林紀乃・杉村伸一郎（2005）．保育カンファレンスにおける知の再構築．広島大学大学院教育学研究科紀要第三部，**54**，369-378．

渡邊芳之（2009）．仮説生成ツールとしての TEM．サトウタツヤ（編著）．TEM ではじめる質的研究．誠信書房．pp.130-138．

Wenger, E.（1998）．*Communities of practice: Learning meaning and identity.* Cambridge University Press.

Wenger, E., McDermott, R., & Snyder, W. M.（2002）*Cultivating communities of practice.* Harvard Business School Press.（野村恭彦（監修）野中郁次郎（解説）櫻井祐子（訳）（2002）．コミュニティ・オブ・プラクティス：ナレッジ社会の新たな知識形態の実践．翔泳社．）

山田秀江（2012）．幼稚園教育実習における保育実践力の学びに関する一考察：責任実習の実践報告から．四條畷学園短期大学紀要，**45**，51-61．

山田昌弘（2007）．少子化社会日本―もうひとつの格差のゆくえ．岩波書店．

山田剛史（2004）．現代大学生における自己形成とアイデンティティ―日常的活動とその文脈の観点から―．教育心理学研究，**52**（4），402-413．

Yamada, Y., & Kato, Y.（2006）. Images of circular time and spiral repetition: The generative life cycle model. *Culture & Psychology*, **12**，（2），143-160．

やまだようこ（2004）．質的研究の核心とは，無藤　隆・やまだようこ・南　博文・麻生武・サトウタツヤ（編著）質的心理学―創造的に活用するコツ．新曜社．pp.8-13．

やまだようこ（2011）．「発達」と「発達段階」を問う：生涯発達とナラティブ論の視点から発達心理学研究，**22**（4），418-427．

山本慎一（2011）．公立保育園民営化に関する一考察―静岡県富士宮市の公立保育所財政

　　　分析を手がかりに．都留文科大学大学院紀要，**15**，53-83．

山下由紀恵・三島みどり・名和田清子（2012）．しまね子育て支援専門職カンファレンス
　　　における研修ニーズの調査の分析．島根県立短期大学松江キャンパス研究紀要，**50**，
　　　63-74．

山崎準二・前田一男（1988）．教師としての成長を支えるもの．稲垣忠彦・寺崎昌男・松
　　　平信久（編）教師のライフコース．東京大学出版会．pp.72-96．

八代尚宏・鈴木　亘・白石小百合（2006）．保育所の規制改革と育児保険―少子化対策の
　　　視点から．日本経済研究，**53**，194-220．

吉田正幸（2012）．写真や実践記録を活用したカンファレンスで評価―乳幼児教育学会①．
　　　遊育，**24**，14．

吉村　香・田中三保子（2003）．保育者の専門性としての幼児理解―ある保育者の語りの
　　　事例から．乳幼児教育学研究，**12**，111-121．

吉岡キヨコ・佐藤　勝（2003）．少子高齢化がきわだつ小規模地方自治体における子育て
　　　支援．日本公衆衛生学会総会収録集，**62**，571．

人名索引

事項索引

著者紹介

香曽我部　琢（こうそかべ　たく）

宮城教育大学准教授

2013年　東北大学大学院教育学研究科修了

博士（教育学）

主著に，『TEA 実践編』（分担執筆，新曜社，2015），『子ども理解のメソドロジー』（分担執筆，ナカニシヤ出版，2012）など。

現代社会における保育者の自己形成と実践コミュニティ

2016年2月20日　　初版第1刷発行　　定価はカヴァーに
　　　　　　　　　　　　　　　　　　表示してあります

　　　　　　　著　者　香曽我部琢

　　　　　　　発行者　中西　健夫

　　　　　　　発行所　株式会社ナカニシヤ出版

　　　　〒606-8161　京都市左京区一乗寺木ノ本町15番地

　　　　　　　　　　　　Telephone 075-723-0111

　　　　　　　　　　　　Facsimile 075-723-0095

　　　　　　　Website http://www.nakanishiya.co.jp/

　　　　　　　Email iihon-ippai@nakanishiya.co.jp

　　　　　　　　　　郵便振替　01030-0-13128

装幀＝白沢　正／印刷・製本＝亜細亜印刷

Printed in Japan.